知识生产的原创基地
BASE FOR ORIGINAL CREATIVE CONTENT

颉腾商业
JIE TENG BUSINESS

COURAGE IS CALLING
FORTUNE FAVORS THE BRAVE

勇气在召唤

[美] 瑞安·霍利迪（Ryan Holiday）◎著
[加] 檀林 王婷婷◎译

西苑出版社
XIYUAN PUBLISHING HOUSE
·北京·

图书在版编目（CIP）数据

勇气在召唤 /（美）瑞安・霍利迪著；（加）檀林，王婷婷译. -- 北京：西苑出版社，2023.10

ISBN 978-7-5151-0884-1

Ⅰ. ①勇… Ⅱ. ①瑞… ②檀… ③王… Ⅲ. ①斯多葛派—哲学思想—研究 Ⅳ. ① B502.32

中国国家版本馆 CIP 数据核字 (2023) 第 105980 号

勇气在召唤
YONGQI ZAI ZHAOHUAN

作　　者　[美] 瑞安・霍利迪
译　　者　[加] 檀　林　王婷婷
责任编辑　辛小雪
责任校对　杨　超
责任印制　李仕杰
策　　划　颉腾文化
开　　本　880mm × 1230mm　1/32
印　　张　9.75
字　　数　202 千字
版　　次　2023 年 10 月第 1 版
印　　次　2023 年 10 月第 1 次印刷
印　　刷　文畅阁印刷有限公司
书　　号　ISBN 978-7-5151-0884-1
定　　价　79.00 元

出版发行　西苑出版社有限公司 北京市朝阳区利泽东二路 3 号　邮编：100102
发 行 部　（010）84254364
编 辑 部　（010）64210080
总 编 室　（010）88636419
电子邮箱　xiyuanpub@163.com
法律顾问　北京同清律师事务所　13001187977

Recommendation

推荐序

如何在3分钟内解决你的焦虑?

“不要让你对人生的忧虑压垮了你，”马可·奥勒留说，“不要让所有有可能发生的坏事情填满你的大脑。专注当下，问问自己为什么如此难以忍受、无法解脱。”书里的这段话打动了我。

多年前，我陷入了对生活的极度焦虑和对自我的不断批判中，这也是我最早开始了解斯多葛学派的一个契机。马可·奥勒留的很多话语，对当时的我有很大的帮助。

过去三年，我也经历了各种心情的起伏，焦虑、恐惧、怀疑的情绪并不少见。每当我再次经历这些的时候，我总是会深呼吸几口气，放空我的大脑，然后问自己：“请感受一下，当下是否有什么问题?”通常这个时候，我会惊奇地发现，其实什么问题也没有。于是，心情恢复到原先那种平静的状态。

这是我会郑重推荐斯多葛学派的这本书的真实原因。从我个人的经历来说，它给予了我一个更好应对外界不确定因素的工具。

斯多葛学派有一个著名的三分论，即把世界上一切事物都分成三种：第一种是你完全不可控制的，比如明天的天气；第二种是你以为你能控制，其实并不一定能控制的，比如你的身体状况，你所做事情的走向；而最后一种才是你真正完全可以控制的，那就是你对待生活的态度。

换句话说，斯多葛学派的一个核心思想就是，我们要学会不依靠外部因素，当我们可以掌控对待生活的态度时，我们才能真正掌握自己的幸福。就像书中说的，学会有勇气地生活在当下这个不确定性极大的环境下，实际上是件不容易的事情，而这看似不容易的事情却是我们摆脱困境的一个意想不到的路径和方向。

面对困境，人们通常会有两种选择：一是陷入各种负面情绪中，耽误很多时间，无法做出明智的抉择；二是积极地去思考并开始寻找解决办法。在我的书《破圈：如何突破认知局限》里指出，由于我们的习惯性思维模式和情绪模式，当遇到意外或者不顺的情况时，陷入负面情绪成为我们习以为常的模式，因此重复这个模式是很容易的，也因此变得常见。而采取上述第二个选择，停止负面情绪，积极地开始行动，反而是一件极度需要勇气的事情。在这种情况下，书中对于勇气的阐述，就格外具有意义。

但勇气并不是终局，在我看来，勇气是一种帮助你达成目标的有效工具。过去一年多的时间里，我有时会去一些朋友的公司帮他们做被裁员人士的职业后续规划辅导。不少人在被裁员后态度非常悲观，因为他们会觉得很多大公司也在裁员，工作肯定不好找。这时，我就会分享我的一名学员的故事。

这名学员原本在体制内任职，他想换一份互联网产品的工作，于是他花了一年多时间投了 1 000 多份简历，最后只拿到了两份入职邀请。他其实需要非凡的勇气去面对一次次的拒绝，但他坚持的秘诀就是，当情绪低迷或者受挫时，他就会打开手机，再投 5 份简历，然后发现心情就没那么糟糕了。这就是一种把负面情绪转化成行动力的有效方式。

就像本书中所说：主动行动是一个有效的真理。如果你不相信你能做到，你害怕它，你就很有可能真的做不到；如果你认为事情不会发生，它就不会发生，至少不会发生在你身上。古希腊著名军事家色诺芬有一次被困在波斯中部，当时他还只是一名普通的雇佣兵，但他召集起那些开始绝望的人，解释了上述类似的说法。他说，我们可以在两种态度之间进行选择，一种是我会遭遇什么，另一种是我要采取什么行动。

如果就缓解焦虑和负面情绪的实际应用性来说，我觉得在众多斯多葛学派的内容中，没有什么比色诺芬提出的这个二分法更值得我们借鉴和学习。我把它称为让一个人可以在 3 分钟内解决焦虑的方法。因为你会认识到，这个二分法推论下去，无非就四种答案。

1. 我会遭遇到负面情况：持续去想只会让自己痛苦，不如不想。

2. 我会遭遇到正面情况：不会让我痛苦，那么可想可不想。

3．我没有任何可以采取的行动：索性就放下，做其他事情。

4．我有可以采取的行动：立刻去做吧。

当你分析完以上四种答案后，通常也就没那么焦虑了。

请你思考一下你当下面临的困境，然后问自己，我要采取什么行动？

然后，充满勇气地去做吧！

顾及

天使投资人、真格学院前院长

《破圈：如何突破认知局限》作者

Translator Preface

译者序

现代斯多葛：创业者的人生哲学还是精英的心灵鸡汤?

哲学给你不可想象的力量来对抗命运的锤打。

——塞涅卡

斯多葛哲学源于一场意外

传说在公元前304年，一个名叫芝诺的染料商人在爱琴海遭遇海难，他在雅典附近被冲上岸，捡回了一条命，不过却损失了所有的财产。这次海难的经历让这个商人有所感悟——与不幸擦肩而过，使他产生了在无法控制的世界中进行自我控制的想法。

据说，有一天芝诺坐在雅典的书店里，阅读着一百年前雅典哲学家苏格拉底的对话录。他被这些睿智的思想所吸引，于是问售书员，哪里可以找到像苏格拉底这样的人。刚好犬儒主义者克拉特斯路过书店，售书员就指向克拉特斯，说道：

“跟着那个人。”

芝诺跟随克拉特斯学习了一段时间后，又选择跟随其他哲学名师学习。几年后，约公元前 301 年，他开始创立自己的哲学流派。很快，他和他的助手们就聚集在雅典的一个门廊（Stoa Poikilê）周围开始讲学，这个门廊就是位于雅典市中心著名的“绘画柱廊”（Painted Porch），斯多葛主义由此诞生。斯多葛学派视苏格拉底为“祖师爷”，以他为榜样。

该学派在公共场所讲学，任何人都可以聆听，因此斯多葛哲学既适用于专业人士，也适用于普通大众，有点儿像“街头哲学”。

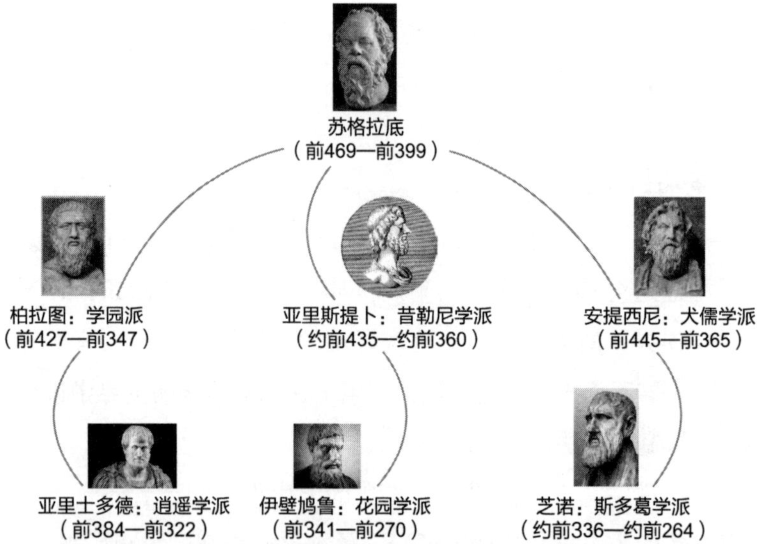

斯多葛学派的缘起

斯多葛学派认为，人们自觉地服从“逻各斯（logos）”和

“命运”，就是服从自己的理性和实现自己的本性，这就是他们所理解的“自由”。与隔壁的伊壁鸠鲁学派把快乐等同于幸福的观点相反，早期斯多葛学派主张美德就是幸福，他们认为，只有顺应自然、服从命运才是道德的生活，也才是幸福的生活。因此，人生在世应当通过理性摆脱一切喜怒哀乐的情绪的纷扰，对于现实世界采取一种清心寡欲的生活态度。

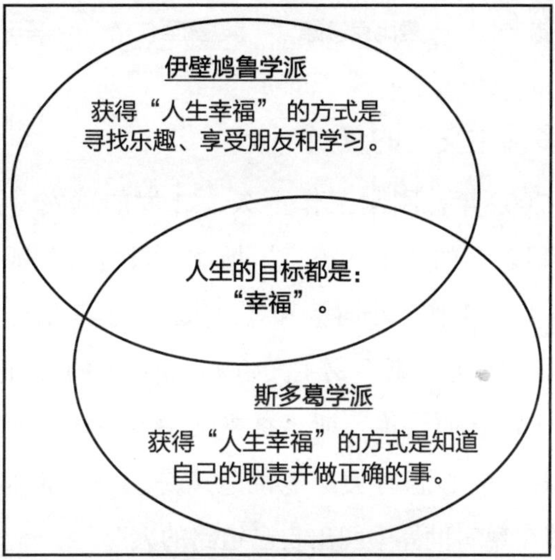

斯多葛学派和伊壁鸠鲁学派的差异

此后，芝诺的自我超越学说在罗马帝国时期更加发扬光大，下至奴隶出身的爱比克泰德，上至尼禄皇帝的老师塞涅卡和罗马五贤帝之一的马可·奥勒留，都是重要的斯多葛学派传人——最终，两千多年后，一位名叫瑞安·霍利迪的畅销书作家（曾经也是一位遭遇挫折的“商人”）接过了芝诺的衣钵，成为“现代斯多葛主义”的主要推动者。

芝诺　　爱比克泰德　　塞涅卡　　马可·奥勒留

“现代斯多葛主义”的复兴

早在2009年，刚刚工作不久，21岁的瑞安·霍利迪给当时已经很著名的“生活黑客”博主、投资人蒂姆·费里斯（畅销书《每周工作4小时》和《巨人的工具》的作者）投了一篇文章，题目是《斯多葛主义101：企业家的入门指南》。

瑞安·霍利迪认为，斯多葛主义中有一些东西与“企业家/创业者”的心态有关。他说芝诺是“一位企业家”，是“一个试图在现实世界中闯出自己道路的人”。

此后，瑞安·霍利迪便不断发掘古典斯多葛学说的思想，作为指引企业家生活的工具。过去10年，瑞安·霍利迪从出版畅销书《斯多葛主义沉思录》和《每日斯多葛》开始，又写了多部旨在向现代读者传播“斯多葛主义核心美德”的图书，形成了一个系列，如《勇气在召唤》《障碍是道路》《自律是命运》《自我是敌人》《沉静是关键》等。这些介绍斯多葛思想的图书销量高达数百万册。他自己也没有想到，一个两千多年前诞生在雅典城市广场的柱廊里的古老哲学，居然还能在当今卷土重来！

此外，瑞安·霍利迪还经营着一个名为“每日斯多葛”（Daily Stoic）的热门网站（还有一个视频频道），他每天向数十万人发送关于斯多葛修行建议的电子邮件，其中包括参议员、亿万富翁和普通人。瑞安·霍利迪还为TED、硅谷企业、NFL球队、海豹突击队和政府机构做演讲，传播现代斯多葛思想。他的想法很简单，也很有效：用一些历史名人的故事来诠释古代思想家的作品精华，并为没有时间去研读经典的、忙碌的现代人提供“精辟的建议”——作为指导生活哲学实践的窍门。

瑞安·霍利迪与蒂姆·费里斯一起，是现代斯多葛主义的双旗手。

蒂姆·费里斯与瑞安·霍利迪联手推动现代斯多葛主义

在两位对斯多葛思想的诸多书籍、播客内容和演讲等开展立体化推广后，斯多葛哲学就首先在硅谷的初创企业中流行开来。从2012年起，还形成了一个“斯多葛周”的企业家精修会和每年的“斯多葛大会”（Stoicon）活动，在疫情期间也未间断，而且每年来自全球的参会人数还在增长。

一年一度的斯多葛大会，已经连续举行11届

我在2015—2019年期间经常去硅谷。有一年10月，我随一位硅谷的朋友参加了湾区的一个Stoicon-X的活动。活动在圣何塞的一个小图书馆里举行，几十个参会者坐在一张桌子旁，一张硕大的银河系的照片投射在正面的屏幕上，其中一位成员分享他在创业过程中的心路历程，形容自己经常迷失在茫茫的“星辰大海”之中，不确定自己的生活该何去何从。他介绍说，创业的艰难和不确定性让他不得不重新思考人生，最终，他找到了斯多葛主义——**这不仅是一种生活的算法，也是**

一个人性操作系统，能够让人在高焦虑环境中保持成长——这句话给我的印象很深。他的演讲中没有太多关于斯多葛思想的系统化介绍，但有很多他称之为“每日斯多葛”的金句，例如**“爱你所过的生活，过你所爱的生活”**，以及**“行动之阻推动行动，道路之阻铺就大道”**。（我后来才知道这些都是马可·奥勒留在《沉思录》中的名言。）

我当时觉得既兴奋又惭愧，兴奋的是第一次近距离地感受到了斯多葛主义作为一个古老的、经久而不衰的，还可以践行的生活哲学的魅力；而惭愧的是被诸多前辈极力推荐过的《沉思录》却还一直没有读过。

在交流的时候，我问过这些硅谷创业者、工程师是怎么接触到斯多葛思想的。令我吃惊的是，他们都告诉我同一个故事：“我看到了瑞安·霍利迪的作品”或者订阅了瑞安·霍利迪的电子邮件和播客，只有很少的人读过斯多葛学说的经典原著。

我继而又问，谁是硅谷当下最著名的“斯多葛践行者”呢？工程师们都指向了同一个人——推特创始人杰克·多尔西。他用一套“自寻不适”（Voluntary Discomfort）的方法（注意，不是“自寻烦恼”）为他的斯多葛修炼拉满了人设，如：

- 工作日每天只吃一顿饭（过午不食）。
- 周末完全断食。
- 每天早晨洗冷水澡。
- 无论晴雨坚持每天步行 5 英里上班。

◆ 每年进行一次为期 10 天的摒弃任何电子设备干扰的静默式冥想……

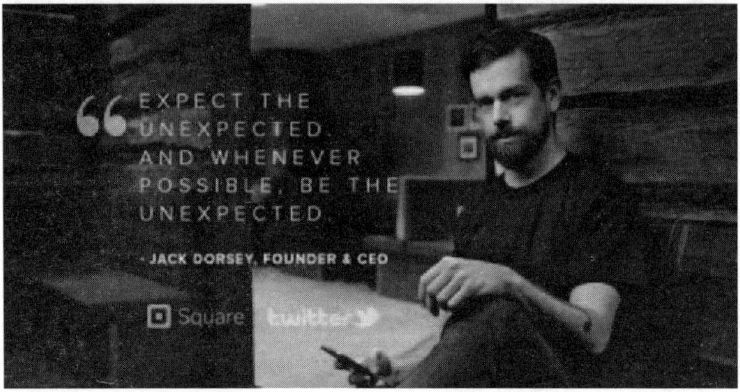

推特创始人杰克 · 多尔西

杰克 · 多尔西这种“自寻不适”的“一箪食、一瓢饮”的极简斯多葛苦行僧般的生活方式很值得钦佩，却不容易模仿，但并不妨碍其理念在硅谷的精英圈里越来越流行。这个现象本身就很有意思，我们是应该把它解读为精英们朝乾夕惕、磨炼心性的自我成长方法，还是又一种个人形象的品牌包装，抑或是令人费解的虚伪呢?

为什么现代斯多葛主义会在硅谷流行?

我知道，很多硅谷精英，如曾经的乔布斯，都将世界问题的探索和解决方案与个人的修行问题关联起来。关键是你选用什么方式修行。在 20 世纪六七十年代，硅谷流行的是铃木俊隆跨海西传的禅宗；后来到了 20 世纪 90 年代又开始流行瑜伽、正念和冥想；而有着理性内核的现代斯多葛主义毫无疑问地成为当前最契合硅谷人群气质的最新修炼法门。正如霍利迪所说，他的斯多葛主义形式是以硅谷独特的习语呈现的自助形式，强调个人优化和自我主宰。“追求美德是自我完善的艺术，强调感悟而不是理性思考的东方哲学思维，你很难让它们在2019 年的旧金山发挥作用，但斯多葛主义很适合。”

我认为，现代斯多葛主义能在硅谷复兴，还有一个非常重要的原因，那就是加州是美国最世俗的州，无论是在硅谷还是在好莱坞，到处都是以身为无神论者而自豪的年轻人，加州的这种气质不像美国东部和南部那些清教徒传统更为悠久的州。在西方身份的建构中，古希腊、古罗马文化长期以来一直是基督教的替代选择。任何认为自己是无神论者，并且不想提及基督教传统的人，都会自然而然地倾向于将自己置于古希腊、古罗马传统之中。

但其实，斯多葛学派也不能算是无神论者，他们是泛神论者，秉承的是一种一元论的世界观，有点类似我们所说的“天地万物皆有灵”，这种世界观在表面上似乎与现代世界更相容。在我看来，这部分是由于当代对古典斯多葛主义的重建。尽管斯多葛学派认为只有物质现实存在，但他们都服从神圣的理性和秩序。对于这些思想者来说，宇宙是一个有机的整体，是一个生命体，在高度“理性”之上还有“灵性”的统摄，在这种“万物有灵”的思维框架下，科学只能用来理解世界，人们还需要用哲学来指引生活，必须依靠德性，顺应自然才能获得幸福——这就让西方古老的斯多葛学说也能和东方的佛教和道教思想兼容。有人说斯多葛就是“低配”版的佛教——减去了轮回。

斯多葛主义者认为人生的目标在于追求幸福，而幸福在于美德，因为美德是一种使整个生活变得和谐的精神状态，而不是什么外在的物质性的拥有。斯多葛主义者相信美德是与生俱来的，是我们个人软、硬件的一部分。

斯多葛主义强调4个“枢机美德”，分别是“勇气、智慧、正义和节制”，而且“勇气”是诸美德之首，是用来保障其他美德能够真正彰显的关键。这个主张倒是非常“硅谷”。《创业维艰》的作者，也是硅谷著名投资机构a16z的合伙人本·霍洛维茨，他就认为创始人最重要的品质是“智慧”和“勇气”。“智慧”是选择最优行动路线的能力，而“勇气”是战胜恐惧，坚持独立判断的能力。《从0到1》的作者，硅谷著名投资人彼得·蒂尔也说过**“聪明的想法是稀有的，但勇气比天才更稀缺”**。

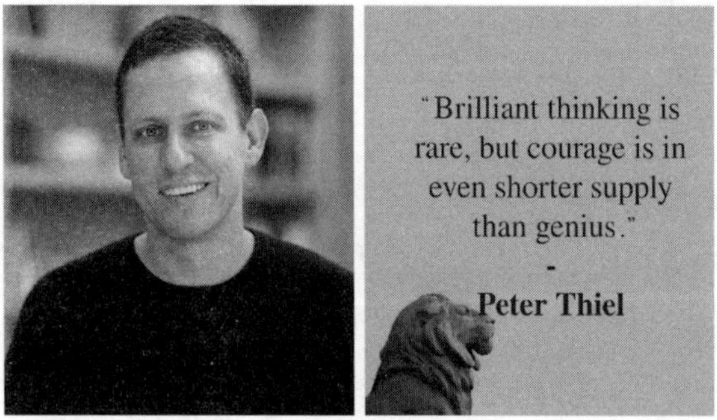

彼得·蒂尔

揭发 Uber 性别歧视的软件工程师苏珊·福勒说，她就是从斯多葛学说中找到了挺身而出的勇气。具有讽刺意味的是，最近获刑 11 年的、《坏血》一书中所揭露的伊丽莎白·霍姆斯在她的血液检测公司最后崩溃时刻，手里也是拿着一本马可·奥勒留的《沉思录》。

在硅谷之外的现代斯多葛主义者还有谁?

在硅谷之外，很多关于斯多葛主义的讨论帖和学习小组也有越来越多的活跃度。例如，我认识的一个论坛——纽约市斯多葛学派，他们非常刻意地与技术风格的硅谷斯多葛"阿呆们"保持距离。他们将硅谷这种完全以个人成功为导向的运动称为"$toicism"——用美元的符号 $ 代替"S"。

这些纽约市的斯多葛主义者是一个非常多元化的群体。他们更学术化，如经常讨论法国哲学家皮埃尔·阿多和其他关于斯多葛学派的学术著作。还有一些讨论小组，人们通过诉诸斯多葛学派的思想来互相帮助。例如，如果有人正在经历丧亲之痛，他会发布一条消息，人们会通过强调将死亡理解为自然事件而不是悲剧的重要性来回应。按斯多葛学派的说法，你人生中的一切都是向命运女神借来的，有一天命运女神将你的挚爱带走，你也无须感到过度悲哀，而是要勇于接受，战胜自己的情绪，同时正好借这个考验来检查一下自己的品格，获得内在的宁静。

法国当代哲学家皮埃尔·阿多

这些斯多葛互助社群不会主动询问个人信息，但他们会就事论事，无论是悲伤、失去友谊、关系问题，还是伴侣的依赖，他们都会直接说出建议和看法。这些在线社区中盛行的友善和建设性的思维给我留下了深刻的印象。他们是心理支持团体，但基于斯多葛学派的建议——利用哲学的力量来对抗命运的锤打！

现代斯多葛主义的“产业化”

关于斯多葛主义的操作指南很受投资人和科技企业家的欢迎，尤其是自我优化大师。硅谷或华尔街的人对斯多葛主义着迷的原因之一，可能是他们都对成功更着迷。斯多葛为他们提供了一位可以参考的榜样，即罗马皇帝——马可·奥勒留，他是他那个时代最有权势的人之一。一个拥有如此影响力的“哲人王”对管理者来说是一个很有吸引力的灵感来源。

古代的斯多葛学派强调人要为自己的品格负责，而当今硅谷的斯多葛学派将其转化成要为自己的成功负责。那是不是硅谷已经将斯多葛思想"鸡汤化"了呢？可能走得还更远，硅谷著名的孵化器Y Combinator孵化了一个就叫"Stoic"的App，号称"哲学引导的心理健康的日课工具"。但不知道是不是为了便于传播，居然采用了"游戏化"的方法来推广其功能，用户在App里会听到视频游戏的声音宣布你今天的修炼又达到了一个新的水平："你已经成为圣徒！""你赢得了生命"……斯多葛修行成为一场游戏！

我的硅谷朋友半调侃地说道："你看，这就是硅谷，能把正念、冥想和瑜伽都变成产业，也没有什么能阻挡硅谷把斯多葛哲学商品化，如果这有助于他们变得更富有或成为更好的商人。"毕竟，斯多葛学说中的许多元素都适合转化为现代管理的行话，充实企业家自我优化的工具箱。例如，在所有的指南中，你会发现我们不应该因失败而气馁，而应该在保持冷静和坚忍的同时坚持不懈。如果你想更"积极地"管理你的失败，你可以应用斯多葛哲学来这样安慰自己——凡事尽力而为，别计较结果，也许，你只需要启动下一个初创公司！

无论是正念、冥想还是现代斯多葛的各种秘籍，所有这些指南的商业模式始终相同——提高人们的效率并激励他们。

所有这些实用指南也试图同时在修复硅谷精英们的形象。我认为瑞安·霍利迪式的现代斯多葛主义本质上就是一种"品牌营销"。事实上，他主要的读者群就是企业家（商人）和投资人。只不过，时代的大背景有了变化，企业家想从其销售的产品中赚钱，但他们需要将这些产品包装成为有意义的生活方式的一部分来展示，这样才能为品牌赋予高格调。他们不再像老派资本家那样收藏跑车，而是住在乡下的农场，每天早上到小溪边或林间漫步。通过这样做，他们试图创造存在感的深度幻觉。人们的心理痛苦其实还是来自他们的工作环境，我们的解决方案不是推动新的法规，而是让人们在晚上打坐。

住在农场里推广现代斯多葛主义的瑞安 · 霍利迪

这种现代斯多葛主义具有明显的“实用主义哲学”风格。虽然古典时代的斯多葛学派教导说“美德是唯一的善”，但现代斯多葛学派似乎更注重利用古老的学说来做更有效的社交媒体品牌管理。

但值得赞扬的是，现代斯多葛主义的领军人物之一瑞安 · 霍利迪似乎真的在为这个焦虑的世界提供斯多葛学派工具而苦苦挣扎。他的博客文章提供了关于现代人如何通过古代斯多葛学派的教导来改善生活的宝贵见解，其中包含人们可以在日常生活中实践斯多葛主义的九个练习，超越了“自我完善”的陈词滥调。

然而，瑞安·霍利迪在他的现代斯多葛系列丛书中对高成就者的关注表明，重点好像并不是为了培养美德本身，而是为了美德带来的潜在回报。从这个意义上看，现代斯多葛主义只是另一个生活方式品牌。

最后，让我们咀嚼一下瑞安·霍利迪在乡间农场给“现代斯多葛”下的定义：

“没有更好的斯多葛主义者定义——拥有但不想要，享受而不需要。”

怎么品都好像“凡尔赛”感十足！

檀　林

海创汇首席生态官

中关村新场景 MA Club 发起人

让我们不要等待，等待其他人召唤我们去做伟大的事。相反，让我们成为第一个人，召唤其他人走上光荣之路。让自己比当下的领导者拥有更大的领导力，成为最勇敢的那位船长。

——色诺芬

Contents

目录

第二章　勇气

第三章　英勇

The Four Virtues
四大美德

这是很久以前的事了，赫拉克勒斯[①]走到了他人生的十字路口。

在希腊丘陵一个寂静的十字路口，满是松节的松树遮蔽了阳光，希腊神话中的伟大英雄第一次来到了他人生的重要节点。

究竟是什么时间，在什么地点，没有人知道。这是我们在苏格拉底的故事中听到的一个瞬间。我们也在文艺复兴时期众多精湛的艺术作品中看到了这一瞬间。在经典的巴赫康塔塔[②]颂赞曲中，我们可以感受到赫拉克勒斯的旺盛能量，他那发达的肌肉和他的痛苦。如果约翰·亚当斯能够在1776年如愿以偿，那么这位“十字路口的大力神”将会被不朽地铭刻在新成立的美国的国徽上。

---

① 赫拉克勒斯（Heracles），古希腊神话中的著名英雄，主神宙斯与阿尔克墨涅之子，一位半神。出生后最初得名阿尔喀得斯（Alcides）。天生力大无穷。——译者注

② 巴赫康塔塔（Bach Cantata），常为宗教题材的短小音乐作品，由独唱演员演唱，常有合唱和管弦乐队伴奏。——译者注

恰恰就在那里，在获得不朽的名声之前，在12项伟业完成之前，在他改变世界之前，赫拉克勒斯面临着一场危机，一场我们所有人都曾面临过的真实的、改变生活的危机。

他面向何方？他要到哪里去？这就是故事的焦点。孤独、未知、茫然，大力神和大多数人一样，不知道该怎么办。

在道路分岔的地方，一位美丽的女神躺在那里，她施展出各种魅力，给予他能想象到的一切诱惑。她身着华服，向他许诺安逸的生活。她向他发誓他永远不会感到匮乏、不快乐、恐惧或痛苦。她说，跟着她，他的每一个愿望都会得到满足。

另一条岔路上，一位身穿纯白长袍、神色凝重的女神站立在那里，她轻声慢语。她除了承诺那些辛勤工作的成果，不会有任何奖励。她说，这将是一段漫长的旅程。他需要有所牺牲，甚至会遭遇至暗时刻。但这是为神准备的旅程。沿着这条路，他将完成他先祖的重托。

这是真的吗？真的会发生吗？

如果只是传说，与我们有什么相关？

是的，这是一个关于我们的故事。

关于我们自身的困境，关于我们所处的人生十字路口。

赫拉克勒斯需要在邪恶与美德、轻松与艰难、康庄大道与少有人走的路之间进行选择。我们也都曾面临这样的选择。

赫拉克勒斯没有片刻犹豫，选择了那条让一切变得大为不同的道路。

他选择了美德。

罗伯特·弗罗斯特《未选择的路》

“美德”似乎过时了。然而，美德——Arete[①]——被解释为非常简单且永恒的东西：道德上、身体上和精神上的“卓越”。

在斯多葛看来，美德由四个关键要素组成。

斯多葛的四大美德

① Arete，希腊语，卓越的意思。——译者注

哲学家国王马可·奥勒留[①]称它们为“善良的试金石”。大众视它们为基本美德，基督教和大多数西方哲学认定它们为四种普遍的真理，佛教、印度教和几乎所有你能想象到的其他哲学也同样重视它们。克莱夫·斯特普尔斯·刘易斯[②]指出，它们被称为“枢机”[③]，不是因为它们来自教会权威，而是因为它们起源于拉丁语“cardo”或者说是“铰链”。

这个关键的门轴，能让通往美好生活的大门开启。

它们也是本书和本系列书籍的主题。本系列四本书分别介绍一种美德。

本书是斯多葛四大美德系列的第一本。

目的之一是帮助你选择：

勇气、勇敢、坚韧、荣誉、牺牲……

节制、自控、适度、沉着、平衡……

正义、公平、服务、友谊、仁慈、善良……

智慧、知识、教育、真理、自省、和平……

从各种意义而言，这些都是实现光荣、精彩和卓越生活

---

① 马可·奥勒留（121—180），全名为马尔克·奥列里乌斯·安东尼·奥古斯都（Marcus Aurelius Antoninus Augustus）。罗马帝国政治家、军事家、哲学家，罗马帝国五贤帝时代最后一位皇帝。——译者注

② 克莱夫·斯特普尔斯·刘易斯（Clive Staples Lewis，1898—1963），是英国20 世纪著名的文学家、学者、杰出的批评家，也是公认的 20 世纪最重要的基督教作者之一。——译者注

③ 枢机（cardinal），有“枢纽、重要”的意思。——译者注

的关键。在约翰·斯坦贝克的作品中，他精确地描述了这种性格特征，“(他们的)所有者是令人愉快和向往的，使得他无论做什么，都能以此为荣也能以此为乐”。但“他”必须被拓展到全人类。Virtus(美德)这个词在罗马没有女性的版本。但美德既不是男性也不是女性，它就是它。

它始终如一，不管你是男人还是女人，不管你是身体强壮还是天性害羞，智力超群还是智力平平。美德都是一种共同价值。

所有的美德也是相互关联、不可分割的，但每一种美德都与其他美德不同。做正确的事总是需要勇气，就好像如果没有足够的智慧知道如何选择，纪律便没有意义。如果不谈及正义，勇气又有什么意义呢？如果不能使我们更为谦逊，智慧又有什么用处呢？

东、南、西、北——四种美德是一种罗盘[①]，它们引导着我们。它们让我们知道身处何方，并将真实世界展现给我们。

亚里士多德将美德描述为一种值得追求的技艺，就像一个人精通任何专业或技能一样。“我们通过建造成为建设者，通过弹奏竖琴成为竖琴手，”他写道，“同样地，我们通过正义的行为变得公正，通过节制的行为变得温和，通过勇敢的行为变得无畏。”

我们正在践行美德。

这是我们的选择。

---

① 罗盘上的四个点被称为“基本方位”(cardinal directions)是事出有因的。

不止一次，赫拉克勒斯所面对的十字路口并不是个例。它是我们每天都面临的挑战，我们需要一次又一次地去面对。我们会选择自私还是无私？勇于面对还是惧怕退缩？坚强还是软弱？聪明还是愚蠢？我们会养成好习惯还是沦于坏习惯？勇敢还是怯懦？满足于浑浑噩噩的快乐还是不断接受新想法的挑战？

我们是选择一成不变……还是不断成长？

选择简单的，还是选择困难而正确的道路？

Introduction

导言

世上无难事，只要你想去做。

你的一生应该活成一个英雄事迹。

——列夫·托尔斯泰

没有什么比勇气更值得我们珍视，然而没有勇气，我们也从不曾缺失什么。

事实是这样吗？事物是因为其稀有就变得珍贵吗？

很有可能。

但是勇气，作为四种基本美德中的第一种，它不像钻石那样，经由数十亿年漫长的历练；它不像石油那样，需要从地下抽取。这些都是有限的资源，都是靠随机分配或者只有某些人才能获得。

不！美德不是这样，美德要简单得多。它可以重生，它扎根于我们每个人身上，它无处不在。我们甚至能在刹那间展示它，成就它，而无论大事或小事，无论身体或精神。

在工作中、在家里、在任何地方，甚至在日常生活中，它都能取之不尽。

然而，我们为什么仍然觉得它稀缺？

因为我们恐惧。因为无须勇气的道路似乎更容易。因为我们还有其他事情正在处理，当下不是一个好的时机。我们说："我不是士兵。"好像在战场上战斗是唯一需要勇气的时机。

我们大多数普通人都宁愿选择安逸，而从未想过成为英雄。"英雄"听起来既自负又荒谬。还是把丰功伟绩留给其他更有资格、训练有素、不会损失什么的人吧。

这似乎是说得过去的，甚至合乎逻辑。

但是，如果每个人都这样想，我们会在哪里迷失呢？苏联作家亚历山大·索尔仁尼琴①说："必须指出的是，自古以来，勇气的衰退就被认为是末日的最早期征兆。"

反过来说，人类历史上最伟大的时刻都有一个共同点——无论是登月还是民权运动、温泉关战役还是文艺复兴时期的艺术——英勇的人们做了他们该做的事。他们自问："如果不是我，那又会是谁？"

勇气既是勇力也是胆识

长期以来，人们一直认为勇气有两种，身体上的和道德上的。

---

① 亚历山大·索尔仁尼琴（Alexander Solzhenitsyn，1918—2008），苏联至俄罗斯联邦时期作家，二战时期苏联炮兵连长，因勇敢获得两枚勋章。1970 年获得诺贝尔文学奖。——译者注

身体勇气是骑士在战场上驰骋，是消防员冲进正在燃烧的建筑物中，也是探险家向北极出发，挑战极限。

道德勇气是指不畏强权的检举者，是冒天下之大不韪说真话的勇敢者，是克服重重困难自主创业的企业家。

士兵的英勇和科学家的精神都是勇气的体现。

无须哲学家解读，人们就能理解这两种勇气实际上是一回事。

可以说根本没有两种勇气，勇气只有一种——它是在你身临绝境、孤注一掷时涌现的。从字面上来看，勇气在某些情况下可能是致命的；而在另一些情况下，它具有象征意义，甚至是经济意义，正所谓“富贵险中求”嘛。

是的，勇气就是冒险。

它意味着牺牲……

它意味着承诺……

它意味着毅力……

它意味着真相……

它意味着决心……

“虽千万人，吾往矣”，当你做别人不能或不会做的事情时，当你做人们认为你不应该或不能做的事情时，你必须勇敢面对，否则勇气就无从谈起。

尽管如此，勇气仍然很难定义。当我们看到它时，我们感知它，但很难描述它。所以，本书的目的并不是为了定义。

勇气比稀有宝石更为难得，我们必须从多个视角去审视它。通过观察它的不同部位和切口，它的完美和缺陷，我们可以了解它的整体价值。我们也可以从它的每一个侧面洞察到更多。

不过，我们这样做当然不是为了抽象地理解美德。我们每个人都会面临着自己的“艰难选择”①。也许是我们担任民选公职时；也许是我们在工作中目睹了一些不道德的事情；也许是作为父母的我们需要在这个可怕而充满诱惑的世界把子女抚养好；也许我们是科学家，正在追逐有争议或者非正统的想法；也许我们梦想创立一个新的业务；也许我们是一名在战斗前夕步行前进的士兵，或者是一名即将突破人类身体极限的运动员。

所有这些场景都需要实实在在的勇气，刻不容缓。那么，我们具备勇气吗？当召唤我们的铃声响起，我们会去应答吗？

温斯顿·丘吉尔说：“对每个人而言，在他们的一生中，都会有某个特殊时刻，被轻拍肩膀，并给予机会做一件非常特别的事情，这对他们来说是独一无二的、并且充分发挥他们才能的时刻。如果在那一刻，他们发现自己没有准备好，或者没有资格迎接本可以属于他们的美妙时刻，那将是何等的悲剧。”

更准确地说，在生活中你会有很多这样的时刻，你会多次被轻拍肩膀。

丘吉尔从小在缺乏父母关爱的环境中度过了艰难的童年，他需要勇气来忽略那些认为他愚蠢的老师。他初出茅庐，成为

---

① 原文为赫拉克勒斯的十字路口（Herculean crossroads），意为“艰难选择”。——译者注

一名年轻的战地记者，却被俘虏，不得不痛苦地越狱。逃回国后，他鼓起勇气去竞选公职。作为作者，他每次发表文章都需要勇气，更别提要做改投不同政党门庭的决定和应征参加第一次世界大战了。在野期间，舆论总是与他为敌，之后是希特勒的崛起，在“至暗时刻”他独自对抗纳粹主义。当他再次被“忘恩负义”的选民中断了政治生涯，他还能凭借勇气重新崛起。晚年，他鼓起勇气开始绘画，并将自己的作品推向世界。一次又一次，他不断地站起来前行……

勇者的路上是否也有失败？是否也有犯错？是否也有错失良机？毫无疑问，勇者也不是一帆风顺的。而我们需要做的是审视那些英勇的时刻，并从中学习，而不是去挑别人的毛病，以此来为自己开脱。

在所有伟人的事迹中，我们发现了相同的主题。有需要勇气的关键时刻，也有许多微小的瞬间。公车上向种族歧视的陈规说不[①]的罗莎·帕克斯需要勇气……她作为黑人妇女，在种族歧视的南方生活了42年，却并没有失去希望，也没有变得更加怨恨——而这，需要更大的勇气。

她提起反对种族隔离的法律诉讼需要勇气，这个勇气是她在1943年加入美国全国有色人种协进会并公开担任秘书，以及1945年在亚拉巴马州成功登记参加选举之后的延续。

历史是用鲜血、汗水和泪水书写的，因为勇敢者的坚忍使它被铭刻成为永恒。

---

① 美国南方州的巴士司机要求“黑人应该给白人让座”。——译者注

正是那些敢于挺身而出（或敢于在公车上坐下）的人，那些曾经战斗过的人，那些敢冒风险的人，那些敢说真相的人，还有那些敢于尝试的人……他们书写了历史。

人们克服了恐惧，勇敢行事，在某些瞬间他们达到了人生的更高境界——他们进入了英雄的殿堂，成为英雄的同伴和同类。

在不同的时间，勇气以不同的形式召唤着我们每一个人。正如大家所说，在任何时刻，勇气都来源于我们的内心。

最初的召唤是要求我们超越恐惧和怯懦。接下来，我们进一步被感召去展示勇气、超越常规、克服困难、克服局限。最后，当我们为了他人接受更大的感召，我们就来到了更高的英雄时刻，而这，也许只是一个闪光的瞬间。

无论你现在听到什么召唤，重要的是你的响应，重要的是你要采取行动。

在这个浊世之上，勇气是美妙的，它让美好的事物得以存续。

谁说勇气是如此的稀有呢?

你拿起这本书，就是因为你知道它并不稀有。

第一章
恐惧

在愤怒和悲伤的天地之外，
耸立的不只是恐怖的影子，
还有，面对未来的威胁，
你会发现，我无所畏惧。
——威廉·欧内斯特·亨利

是什么力量阻挡了勇气？是什么让珍贵的东西如此稀有？又是什么让我们远离了我们能做和应该做的事情？懦弱的根源是什么？是恐惧（希腊文Phobos）！你永远无法打败一个你不了解的敌人，然而恐惧不论以何种形态，从惧怕到冷漠、到仇恨再到藐视，它都是勇气的敌人。我们要战胜恐惧，就必须要研究它、熟悉它，了解它产生的原因和它的特征。这就是斯巴达人建造神殿的原因——接近恐惧，去窥探它的能量，去抵挡它。勇敢的人也会恐惧，只要是人都有恐惧感，然而有勇气的人正是在面对它时，能凌驾于其上，才会变得如此卓越不凡。事实上，如果没有这些，伟大便无从说起。至于懦夫，没有什么值得被书写的，没有人记得他们，更没有什么值得钦佩的。讲出一件英勇事迹，几乎不费什么气力。如果我们希望自己更加出色，我们首先要直面恐惧，至少在关键时刻能够藐视它。

The Call We Fear

面对召唤的恐惧

在弗洛伦斯·南丁格尔年幼的时候，她就天不怕地不怕。

在她幼时常常有这样的画面，差不多是她4岁时，姑姑拽着她和她的妈妈、姐姐一起散步。当她的姐姐牢牢地拉着妈妈的手时，她却“独自蹒跚而行”。就像很多懵懂的小孩儿一样，她拥有着天真无邪的自信。她似乎什么都不怕，也不在乎别人怎么想。她觉得到处都是那么神奇，有太多的地方需要探索。

但令人沮丧的是，这种独立的状态持续不了多久。

也许有人告诉她，这个世界是危险的。或许是时代不知不觉的重压，让她了解女孩子应该有的行为方式。也许是特权阶层的奢侈生活，消磨了她的这种能力。

我们几乎都曾有过这样的经历，当成年人不公正地对待我们的时候，不管他们的意图是什么，他们都粗暴地戳破了我们的幻想。他们自认为正在为我们的未来做准备，而事实上他们只是把自己的恐惧和局限强加给了我们。

然而，这让我们付出了太多的代价。它剥夺了我们与生俱来的勇气。

弗洛伦斯·南丁格尔也不例外。

1837 年 2 月 7 日这一天，16 岁的她感受到了后来她所说的“召唤”。

做什么？到哪里去？该怎么办？

她所能感知到的，只是一个来自上天的神秘启示，提示她应对自己有所期待，她要为之服务，致力于做一些与她富裕的家庭和养尊处优的生活不同的事情。在她所处的那个时代，这与女性充当的有限的、根深蒂固的角色截然不同。

“在内心深处，我们听到了一个声音……”帕特·蒂尔曼在考虑离开职业足球队加入陆军游骑兵团时说，“它引导着我们前行，朝着我们希望成为的人的方向。然而，是否追随内心，这取决于我们自己。大多数时候，我们向着一个可预测的、一目了然的、看似积极的方向。然而，有时我们也会被带领到完全不同的道路上。”

你可能会认为像弗洛伦斯·南丁格尔这样勇敢的女孩一定会追随内心的声音，但她和我们大多数人一样，已经被她那个时代的观念牢牢锁住，年少的她不敢跳出父母的束缚，走上其他道路。

“在德比郡有一幢大的乡间别墅，”利顿·斯特拉奇在他的经典著作《维多利亚时代名人传》（*Lives of Eminent Victorians*）中写道，“在新森林[1]里还有另一幢；别墅里的梅菲

---

① 新森林（ New Forest ）地处英国南部地区。——译者注

尔房[1]可以应对伦敦社交季和举办各种精致的派对；在这里，巡回演出数量甚至超过了在意大利的歌剧演出量，经常能够看见巴黎名流。在这样优越的环境中长大，弗洛伦斯应该会感到幸运，感谢上天对她的眷顾——参加各式舞会和晚宴，认识一个靠谱的绅士，之后结婚，从此过上幸福的生活。”

8 年来，那个“召唤”一直盘踞在弗洛伦斯的脑海深处，就像房间里的一头大象[2]，被视而不见。与此同时，她隐约地感到维多利亚时代的世界已经大为不同。她出生时，人们的预期寿命只有 40 岁。在许多城市，在医院内接受治疗的患者死亡率高于在医院外接受治疗的患者。在南丁格尔后来崭露头角的克里米亚战争中，10 万军队中只有 1 800 人因伤而死，而超过 16 000 人死于疾病，13 000 多人（致残）无法服役。即使在和平时期，条件也很糟糕，入伍本身等同于生命危险。“你还不如每年带上 1 100 名男子到索尔兹伯里平原并射杀他们”，她曾这样对官员说。

随着危机加剧，死亡人数急剧上升，恐惧的阴影笼罩着世界。

斯特拉奇写道，弗洛伦斯需要擦拭家里的瓷器，她的父亲希望她读书给自己听。她应该找个人结婚。每天都是家长里短，没有什么可做的。这就是一个女人被允许做的一切：什么

---

① 梅菲尔房（Mayfair rooms），是指伦敦上流住宅区风格。——译者注

② 房间里的一头大象（elephant in the room）是一个俗语，用来隐喻某件虽然明显却被集体视而不见、不做讨论的事情或者风险，抑或是一种不敢反抗和争辩某些明显的问题的集体迷思。——译者注

都不做。

在日常琐碎中，弗洛伦斯淡忘了使命的召唤，她害怕上流社会的生活被打破。当然了，她会偶尔帮助生病的邻居。她看书，也遇到了有趣的人，比如第一位女医生——伊丽莎白·布莱克威尔。然而，在她 25 岁的时候，她原本有机会到索尔兹伯里医院做志愿者，却遭到了母亲的强烈反对。在医院工作？为什么？医院的工作连妓女都不如！ 8 年之后，她迎来了又一次召唤。这一次的声音更有针对性：仅仅是因为家庭名誉你就放弃服务事业吗？但恐惧感再次袭来：人们会怎么想？她能否与家人决裂并远离他们为她规划的生活？从马上就要踏入上流社会的年轻女子变成一名护士？她能否从事她几乎一无所知的职业——这个在 19 世纪几乎不存在的职业？

她可以去做女人不该做的事吗？她能成功吗？

恐惧感如此强烈，就像每个人担忧进入未知的水域一样，或他们考虑赌上性命来做一些新的或不同的事情一样。当每个人都告诉你，你会失败，你错了，你怎么能不听呢？ 这是一个可怕的悖论：当他们告诉你你疯了的时候，你没有听进去，那你一定是疯了。

当他们试图让你感到内疚时该怎么办？当他们试图惩罚你时怎么办？如果你害怕让别人失望该怎么办？这正是南丁格尔所遭遇的。父母将她的雄心壮志视为对他们自己缺乏抱负的谴责。她的母亲哭着说她会“让自己丢脸”，她的父亲则因为她被宠坏和忘恩负义而大发雷霆。

这些痛苦的谎言逐渐在她心中内化。“豪医生，”弗洛伦斯有一次鼓足勇气问塞缪尔·豪，他是《共和国战歌》（*Battle Hymn of the Republic*）的作者朱莉娅·沃德·豪的丈夫，也是一名医生，“您认为一个年轻的英国女人投身医院的慈善工作是不正当和不体面的吗？您认为这会是一件可怕的事情吗？”她的内心充满了各种预设：不合适，不相配，不寻常？

她的内心苦苦挣扎——是被允许追随她的梦想，还是就这样放弃了？“我亲爱的弗洛伦斯小姐，”豪回复道，“这将会是不寻常的，在英格兰，任何不寻常的事情都被认为是不合适的；但我想对你说，‘继续前进’，如果这就是你的生活方式，那么追寻你的内心行事，你会发现尽自己所能为他人谋福利从来都不是不合时宜或不淑女的事情。做出选择，向前看，无论它将会带你到哪里。”

然而对于另类生活的恐惧感、愧疚感、越来越强烈的威胁感始终笼罩着她。这一切使得她继续困在家里，生活在她旧有的世界里。尽管她钦佩的人明确地鼓励她，但她的生活一切照旧。

弗洛伦斯在她的日记中写道：“我就是扰乱他们幸福的凶手。”“他们给我的生活难道不够优越吗？”她的家人几乎不和她说话，她回忆道：“我仿佛刚刚刑满释放。”多年来，这样的策略奏效了。“她原本有能力坚持自己的想法，”她的传记作者塞西尔·伍德汉姆–史密斯写道，“但她没有。捆绑她的只不过是根稻草，但她没有冲破束缚。”

无论是在19世纪40年代还是在今天，南丁格尔的最初选择都非异常。实际上，在所谓的“英雄之旅”中，你知道几乎所有的“冒险号召”都得到什么回应吗？拒绝召唤！因为这太难了，太可怕了，因为他们显然选错人了。南丁格尔说服自己接受召唤，不是只言片语，而是持续了16年。

恐惧主导了一切。它使我们远离使命。它让我们退缩。

它阻止我们前行。它给了我们一百万个为什么，抑或是为什么不的理由。“在恐惧的阴影下，什么都做不了”，南丁格尔后来写道。她生命的前30年很大程度上证明了这一点。她深知，有些时刻她不曾感到害怕。她需要再次抓住机会跟随着内心的那股力量，跳出重围接受使命的召唤。

这是一个惊心动魄的改变。远离安逸的生活，蔑视世俗，质疑的声音如合唱般汹涌。当然，这声音使她犹豫了——同样，也使我们中的许多人退缩了。然而对于南丁格尔来说，它已经再也阻挡不了她了。两周后，她实现了人生的飞跃。

“我不能指望他们的同情或者帮助，”她写道，她决定挣脱枷锁，“我必须做点什么，尽我所能，这是支撑我活下去的理由。我必须要自己决定，这不是他们能够给我的。”

不到一年的时间，她就在克里米亚为伤员们建立了野战医院。条件非常艰苦。因为没有床，士兵们死在建筑物的大厅里和船的甲板上。老鼠从他们的盘子里偷走食物。病人们没有衣服，在寒冷的房间里挤成一团，有些人甚至在临终时完全赤裸身体。他们营养不良，他们缺医少药。这正是父母竭尽全力阻止她的原因。这场面足以吓跑最勇敢的公务人员。

“我已经很熟悉欧洲大多数大城市最恶劣地方的状况，”她解释说，“但任何地方都无法与战地医院夜间的环境相提并论。”至此，恐惧感消失了，取而代之的是钢铁般的决心。她自掏腰包对医院进行了维修并开始工作。

亨利·沃兹沃斯·朗费罗在他的一首诗中完美地捕捉到她的英雄形象：医院沉闷、无趣的走廊与弗洛伦斯·南丁格尔的形象形成鲜明对比，她面带笑容、提着灯从一个房间走到另一个房间。

在英格兰的史册上，
她的演讲和歌曲源远流长，
但那盏灯的光，穿透过往，始终照亮！

一位女士提着一盏灯，站在
历史的长河中，高贵善良，
带着英勇的女子气概。

这是一种无可辩驳的“英勇”。或许，只是因为她有足够的勇气，才能克服那些无奇但强大的恐惧。

在克里米亚，她在战火中冒着生命危险完成了工作——不幸的是，她感染了“克里米亚热”（也称布鲁氏菌病[1]），病菌在她余生中一直困扰着她。但她在克里米亚的工作最终促成了红十字会的成立。她逃离了许多人试图恐吓她要她继续走下

① 布鲁氏菌病，一种细菌性疾病，通常影响牲畜，也能导致人体周期性的发热。——译者注

去的人生道路。在此后的180年里，她的创新，以及后来她在系统化照顾病人和弱势群体方面所做的开创性工作，让所有去过医院的人都能从中受益。

当女儿坚持自己的想法时，南丁格尔的母亲哭了，她说："我们就是孵出野天鹅的鸭子。"想象一下，只因为你的孩子变得与众不同而哭泣。想象一下在这样的家庭里长大。正如斯特拉奇所写，南丁格尔母亲的想法是错的。她的女儿不是天鹅，而是一只鹰。它经过了漫长地孵化，在巢穴里养精蓄锐，一飞冲天之后，它就变得无所畏惧了。

我们的使命来自我们之外的某个地方，它超越我们，它更为伟大。我们每个人都曾被召唤。我们被挑选，我们被选中……但我们会选择接受，还是选择逃离？

这是属于我们的召唤。

在南丁格尔的故事里，我们看到她多年来一直无视使命召唤。但从另一个角度而言，她正在为自己的人生使命做准备。她需要时间才能穿过迷雾、识别家庭和社会阻止她行动的噪音。她需要时间来获得做护理工作所需的技能。

无论是人生的哪个版本，恐惧——以及战胜恐惧——都是她生命中的决定性战斗，就像任何改变世界的人一样。没有什么值得做的事情是不可怕的。没有人不是在与自己的怀疑、焦虑、局限和心魔的搏斗中，取得了伟大的成就。事实证明，对于南丁格尔来说，这种经历本身就是历练。当她最终全身心投入医院的建立以及英国军队和民用卫生系统的改革中时，她面临着来自官僚机构、自然条件和政治权力等极大的阻碍。她不仅是病房里的慈爱天使，她还是军需官、“影子秘书”、说客、活动家和行政管理者。正是因为她勇敢面对，面对这种无情而令人生畏的反对，坚持不懈地与那些想要阻止她的人进行耐心且不知疲倦的战斗，她才成功地履行了使命。

没有人可以再恐吓她了。她也不会再被欺负。

“您收到的信来自贝尔格雷夫广场，”她在一封质疑英国战争大臣的信中说，“我正在克里米亚的一间小屋里写这封信。我们立场不同。”几个月前，这个女人还在害怕让自己歇斯底里的母亲失望。现在，当一位医生——或任何人——告诉她不能做某事时，她会平静地回答说：“必须这样做。”如果被拒绝——例如，当她工作的医院拒绝接纳天主教徒和犹太人时——她威胁着要辞职。他们感受到了她的态度。

她曾经的恐惧经历让她可以与成千上万的受伤、垂死的病人感同身受，她照顾他们、爱护他们。南丁格尔写道：“忧虑、不确定、等待、害怕意外，对病人的伤害更为严重。”“请记住，他们曾经面对面与敌人作战，内心在挣扎，长时间在想象中与自己对话。”这是她亲身经历并了解的战斗，她可以帮助他们取得胜利。

今天，我们每个人都收到了自我的召唤。

去服务他人。

去承担风险。

去挑战现状。

当他人逃避的时候我们知难而上，去超越自我。

去做其他人认为不可能的事情。

有各种各样的理由让人们觉得这样做是错误的。有难以置信的压力想要将这些想法、这些梦想、这种需求从我们的脑海中抹去。当我们身处某种境况、探索某种可能性时，阻挡我们的也许只是简单的激励……或是彻底的暴力。

恐惧能够被感知，它一直都是这样。

我们会让恐惧阻挡我们接受使命吗？我们会让那个声音一直在耳边萦绕吗？

还是我们会像南丁格尔那样一步步贴近自己的内心，让自己变得更加坚强，做好准备，直到我们去迎接挑战完成使命？

The Important Thing Is to Not Be Afraid

重要的是不要害怕

我们很容易产生恐惧，特别是近些年。事件随时可能会升级，充满各种不确定性。你可能会失去工作，然后是你的房子和你的车子。有些事情甚至会殃及你的孩子。

不过，当事情开始变得岌岌可危时，我们常常会有所察觉。我们怎么可能一无所知呢？

即使古代的斯多葛学派被认为是各种情绪管理的大师，也承认在嘈杂的环境、面临不确定性、受到攻击的时候，我们会有无意识的反应。

他们用一个词形容这种不加思索就对事物的预认知：幻象[①]。它们不值得信赖。

你知道在《圣经》中重复次数最多的短语是什么吗？是“不要害怕”。这些话一遍又一遍地出现，这是来自上天的警告，不要让幻象统治着每一天。

---

① 幻象（phantasiai），在希腊哲学中，是指基于感觉经验的信息。——译者注

“要强大起来，要鼓起勇气，”我们在《约书亚记》（*Book of Joshua*）中听到，“不要害怕，也不要沮丧。”在《申命记》（*Deuteronomy*）中，“当你出去与你的敌人作战时，看到马匹和战车，还有比你们更多的人民，不要害怕他们”。在《箴言》（*Proverbs*）中，“忽然而来的惊恐，你不要惧怕；恶人的毁灭临到，你也不要恐惧”①。在《申命记》中，摩西再次召唤约书亚，并派他到以色列。“要坚强勇敢，”摩西对他说，“因为你必须和这群人一起进入这片土地，耶和华向他们的祖先发誓要赐给他们的土地，你必须把它分给他们，作为他们的遗产。不要害怕，不要灰心。”②

真正的斯多葛信徒和基督徒，都不会轻易被情绪所左右而责备任何人，他们只关心你在情绪的冲击消退后做了什么。

威廉·福克纳③说：“即使当你情不自禁被惊吓到了，也不要害怕。”

这有一个本质的区别。惊慌是一种暂时的情绪冲动，是可以原谅的；而恐惧是一种存在的状态，被它控制就是不光彩的了。

一个可以帮助你，让你警觉、唤醒你，告诉你存在危险；另一个会拖累你、削弱你，甚至让你无法行动。

在一个不确定的世界里，在一个让人伤透脑筋、问题复

---

① 猝然临之而不惊，无故加之而不怒。——译者注

② 如果《圣经》对你不起作用，还有很多其他版本的启示，如在《奥德赛》（*Odyssey*）中，“要勇敢”“要有勇气”和“不要害怕”出现了十几次。

③ 威廉·卡斯伯特·福克纳（William Cuthbert Faulkner，1897—1962），美国小说家、诗人和剧作家，美国文学史上最具影响力的作家之一，美国意识流文学的代表人物。——译者注

杂的时代，恐惧是一种负担，恐惧会让你退缩。

害怕也没关系。谁不曾害怕呢？但让它阻碍你，就是你的不对了。

在 19 世纪初，有一句希伯来语的祈祷：“世界是一座窄桥，最重要的是不要害怕。”

“世界是一座窄桥，最重要的是不要害怕。”（希伯来语）

这种智慧的表述支撑着犹太人度过了难以置信的逆境和可怕的悲剧时代。它甚至演变成了一首流行歌曲，在赎罪日战争期间向军队和公民播放。它时时给人们提醒：是的，事事都有风险，如果你回头看而不是向前看，你很容易被吓到，但恐惧无济于事。

它永远都不会。

1929 年 10 月市场崩盘的时候，美国面临了持续 10 年的可怕的经济危机。银行倒闭了，投资者被清盘，失业率高达 20%。富兰克林·德拉诺·罗斯福接任了美国总统的位置，他在 3 年半的时间里试图解决这个问题，但都失败了。他感到害怕吗？当然会，怎么可能不呢？当时，每个人都很害怕。

1933 年，他发表了一篇现在看来颇具传奇色彩的就职演说。他指出，恐惧是一种选择，恐惧感是真正的敌人，因为它会让情况变得更糟，它将摧毁余下的银行，它会使人们互相敌对，这将阻止合作，并无法解决问题。

当人们害怕的时候，谁会做好事？谁在害怕的时候能够保持头脑清醒？谁还能去帮助别人？害怕的时候，你将如何去爱，你将如何处事？

在橄榄球场上，如果接球手害怕被球击中而退缩，他们就无法接住球。如果艺术家被评论家时刻在手的笔吓到，他们就无法完成表演。如果政治家担心民意调查的后果，他们就很少会做出正确的决定。如果伴侣们所能想到的只是生活将是多么艰难，那么就不会有人组成家庭。

这里没有恐惧的余地。无论如何，这都不是我们想做的事。

审视我们现在的生活，我们居住的这个世界是一个可怕的地方。如果你在狭窄的桥边张望，你可能会失去继续前进的勇气：你寸步难行，你停了下来；你无法做出好的决定，你无法看清楚也想不清楚。

因此，对于我们来说，最重要的是不要害怕。

We Defeat Fear with Logic

我们用理智战胜恐惧

伟大的雅典政治家伯里克利[①]有一次视察他的部队，他发现一个暴风雨的预兆竟然令他的部队陷入瘫痪。这听起来似乎很愚蠢，但如果你生活在一个人们不知道雷是什么或如何形成的时代，你会有什么反应？

伯里克利无法科学地充分说明正在发生的事情，不过他的想法已经很接近现实了。他召集起他的部队，抓起两块大石头，把石头砸在一起。乓！乓！乓！

他说，你认为雷是什么？这就是云正在做着的事情。

有人说，领导者们总是在兜售希望，说得更接地气一些，他们在猎杀恐惧。

“假象总是看起来很真实。”清醒的人们努力安抚上瘾者，在他们做出改变或尝试新事物的过程中缓解他们的忧虑。这

---

① 伯里克利(Pericles，约前495—前429)，是雅典“黄金时代”重要的政治领袖，他推动了当时属于很激进的民主政治改革。他的时代史称伯里克利时代，经济繁荣、文化昌盛，这个时代也是西医鼻祖希波克拉底，以及哲学家苏格拉底、柏拉图的时代。——译者注

就是人们常说的 FEAR[①] 畏惧空想症，其实是感觉真实的虚假印象。

我们需要做的是探究我们头脑中的印象——为自己、为他人。我们必须像伯里克利那样从逻辑的角度去剖析它们，去追寻它的根源，了解它，解释它的原因。

还有一次，瘟疫肆虐雅典时，伯里克利率领海军向敌人发起进攻。然而突然间，就在他的部队出发上船时，发生了日食，太阳被遮挡住了。恐惧迅速在人群中蔓延开来，他们将这个意外视为危险的预兆。这次，伯里克利并没有靠精彩的演讲来激励他的手下团结起来，而是用了一点简单的逻辑。他走到一个舵手面前，用斗篷盖住他。“你们看，”他说，“除了比我的斗篷更大的一个东西造成了黑暗，还有什么不同的事情发生吗？”

生活始终是无法预知的，有太多的东西我们不知道。但显然，我们很容易受到惊吓。

我们会意想不到地开始担心和怀疑。

唯一的办法就是直面对抗这种恐惧，用理智、清醒和同理心来战胜它。

伯里克利英勇地告诉他的雅典同胞们，他们有能力对抗战争和瘟疫造成的损失。他们需要冷静、理智和深思熟虑。他说，我们需要将眼前的事物分解开来，了解“生活中什么是甜

① FEAR，此处是 False Emotions Appearing Real 的缩写，即感觉真实的虚假印象。——译者注

蜜的，什么是可怕的，然后走出去，毫无畏惧，迎接即将到来的挑战”。

你的大脑能察觉到最坏的情况、推断出最疯狂的情况，但始终还是会低估你处理它们的能力。这无助于你解决问题，也无助于你面对事实。那个反对你的声音，那些具有灾难化和夸大事实的倾向，对你来说，都统统没有帮助。它没有给你描述一个准确的世界面貌，当然也不会让你变得更加勇敢！

你可以这样告诉自己：这只是关于金钱，这只是一篇糟糕的文章，这只不过是一场人们互相攻击的会议——那你需要害怕这样的事情吗？

把它们拆解开来。厘清事实、深入调查，只有这样，我们才能看清真相。就像马可·奥勒留所说的：“你需要了解的并不是你的敌人看到并希望你也看到的，而是真正的事实所在。”

This Is the Enemy

这才是敌人

大多数的恐惧来源于其他人对我们的看法，这会令人麻木不仁、偏离正轨。它歪曲了现实——使我们如此疯狂和懦弱地行事，简直难以形容。

西里尔·康诺利[①]曾经开玩笑说："有很多人因为害怕邻居会说什么而不敢自杀。"我们非常关心别人的想法，即使我们没有亲耳听到，我们也会感到害怕。

吊诡的是，几乎所有的新事物、所有令人印象深刻的事物、所有正确的事物，都是在与现状的激烈对抗中完成的。大多数我们现在钟爱的东西在它创造之初或开始被使用的时候都不被看好，而当初反对它的那些人现在假装这些从来没有发生过。我们常常缺乏能力或意愿去认识到，他们的反对只不过是我们必须克服的一座山峰而已。

1970年，弗兰克·塞尔皮科揭发纽约警察局内部的腐败

---

① 西里尔·康诺利（Cyril Connolly，1903—1974），英国作家、文学评论家，他是有影响力的文学杂志《地平线》的创始人，他的文学批评很少跳出欧洲范围，他更重视对英国本土作家及其作品的评论。——译者注

行为后，另一位正直的警察向他表示祝贺。塞尔皮科问那个人："你为什么不和我站在一起？为什么我需要帮助的时候你不站出来？""什么？！"那个人回答道，"也像你一样成为弃儿？"

嗯，这就是现实！你还有其他选择吗？你难道会让你的同事继续敲诈他们本应保护的人吗？你难道会允许他们与罪犯合作，去伤害他们本应保护的人吗？

人们宁愿参与犯罪也不愿大声疾呼。人们宁愿死于大瘟疫，也不愿成为唯一戴着口罩的人。因为不愿向别人解释为什么辞职去做一些不太确定的事情，人们宁愿继续从事他们讨厌的工作。他们宁愿追随愚蠢的趋势，也不愿质疑它。宁愿把毕生的积蓄浪费在破灭的泡沫中，也不愿在泡沫膨胀时用看似愚蠢的冷眼旁观。他们宁愿接受资产的损失，也不愿稍微提高声音或挺身而出，哪怕只有十分钟。

我们应该记住西塞罗[①]的训诫，人们总是嘲笑他的"暴发户"出身，嘲笑他勤奋努力、辞藻华丽。人们总是拿他做闲聊和八卦的素材，并且瞧不起他。西塞罗却说："让其他人焦虑该如何评论你吧，反正他们总会说些什么。"[②]

你的生活不能被恐惧所引领。从来没有一个人在做大事时不会惹恼别人。从来没有一个变化不会被质疑。从来没有一

---

① 西塞罗，全名马尔库斯·图利乌斯·西塞罗（Marcus Tullius Cicero，前106—前43），古罗马著名政治家、哲学家、演说家和法学家。他出生于骑士阶级的一个富裕家庭，青年时投身法律和政治，其后曾在公元前63年担任罗马共和国的执政官；同时，因为其演说和文学作品，他被公认为古罗马最伟大的演说家和最具影响力的散文作家之一。——译者注

② 正如我们看到的，如果这位靠谱的政治家能够倾听他自己的建议就好了。

场运动不会被嘲笑。从来没有一个开创性的业务不被大肆抨击并预测失败。

然而，从来没有，从来也都不会有这样的时刻，那就是那些不敢露面、不负责任的陌生群体的意见会被重视，会超过我们自己深思熟虑的判断。

There Are Always More Before They Are Counted

危险总是被高估

那是在他从军生涯的早期，乌里塞斯·辛普森·格兰特[①]在长途跋涉。他正在穿越东德克萨斯州，供应已经开始短缺。他的一个手下病了，一匹马筋疲力尽地倒下了。

在那个危险的地区，他们可能随时落入印第安人和亡命之徒手中。格兰特和一名军官出发了。他们急匆匆地、毫无防备地跋涉了 70 英里[②]到科珀斯克里斯蒂以赶上部队，避免被当成开小差。这期间，他们要淌过无数的小溪和河流，穿越布满厚厚的灌木丛和响尾蛇的敌对领土。

噢，这里有狼——两个人听到了“最恐怖的狼嚎”。高大的杂草挡住了视线，他们什么都看不到，但毫无疑问，狼群就在附近。正如格兰特所描述的那样，越来越近，好像下一秒就会开始攻击。这意味着“它们一顿饭就可能吞掉我们、我们的

① 乌里塞斯·辛普森·格兰特（Ulysses Simpson Grant，1822—1885），美国军事家、陆军上将，第 18 任美国总统（任期 1869—1877 年）。格兰特毕业于西点军校，早年曾参加美墨战争。退出现役后，他一度在皮革制品店做工谋生。——译者注

② 一英里约等于 1.609 千米。——译者注

马和所有的这一切”。他想转身逃走，事实上，他暗中祈祷他的同伴也会提出相同的建议，他只想逃到安全的地方。

另一名军官饱经沧桑，比格兰特更有经验，微笑着继续前进。“格兰特，你觉得那群狼有多少只？”他问。格兰特不想显得愚蠢或者懦弱，他试图掩饰他的恐惧。“哦，大约 20 只吧”，他假装漫不经心地说，尽管他的心脏已经快跳出来了。

突然，格兰特和那名军官发现了声音的来源。那里，只有两只狼，慵懒、舒适地趴在那里，悠然自得。但是格兰特对未知风险如此的不安，他甚至从未想过要质疑自己的心跳加速或者胡思乱想。

40 年后，为公共服务和政治奉献了一生后，格兰特回忆道，当他听到一群人因为被批评而改变方向时，或者当有人因为运气不好或者某些看不见的敌人而考虑放弃时，他经常会想到这件事。他总结说，在这种情况下他得到的教训是：“在冷静思考之前，危险总是被高估。”

障碍、敌人和批评者——他们并没有你想象得那么多。这一切不过是他们给你的幻觉。

另外一个教训就是：你觉得那些狼看到格兰特和他的搭档不断逼近，它们会怎么做？对，狼会跑掉。

1861 年，格兰特是联邦军队的中校，被派往密苏里州与托马斯·哈里斯上校领导的同盟军作战。尽管格兰特曾经参加过战斗，尽管他从狼群的事上有所感悟，他还是感到了恐惧。

25 英里外的农庄已经被扫荡一空，看不到一个人，就像暴风雨来临前的寂静，没有人想被卷入其中。

又一次，格兰特的心跳越来越快，快跳到嗓子眼，几乎完全卡在喉咙上了。“我恨不得不惜一切代价回到伊利诺伊州，”他写道，“可我连停下来思考该怎么做的勇气都没有。”

就在他感到最为恐惧的那一刻，他觉得自己根本无法承受任何袭击和战斗，他被战斗中的喧嚣和恐怖笼罩，他害怕到了极限，恨不得立刻就面对敌人。

然而敌人走了——他们听说格兰特和他的部队马上就到来，就逃走了。

“我立刻明白了，哈里斯就像我害怕他那样害怕我，”格兰特写道，“我以前从来没有从这个角度看待问题；自此以后我再也不会忘记。从那次事件到战争结束，面对敌人时我或多或少会感到焦虑，但我不再感到恐惧。我不会忘记，他对我的惧怕和我对他的一样多。这一课非常有价值。”

夜空被黑色笼罩，充满了恐惧。生活中，我们会遭遇到很多“敌人”。但是你必须明白：他们并不像你想象得那么可怕。

无论你是害怕在聚会活动上搭讪名人，与孩子谈论性，还是向老板要求加薪，现实情况是即使不害怕，双方也会感到难为情，恐惧的感觉是相互的。

你高估了他们……他们也同样高估了你。

你认为求职面试官想要这样做吗？他们问你这些问题的时候很享受吗？不是的，他们也害怕把事情搞砸。你到达片场的第一天遇到的粗暴的导演、带着一批新兵训练的中士、正在和你谈合同的前台主管——他们头上的光环只是你的一种幻觉。他们和其他人一样紧张，他们只不过伪装得很好。

当你走近时，你会发现这种差别没有你想象得那么大。

多一点觉知，多一点同理心，这不会让我们变得软弱，反倒会给我们更多信心。

现在，我们了解了真实情况。此时此刻，其他人比我们更害怕。

But What If?

如果不呢?

我们到底在害怕什么，我们根本不知道，至少是不准确。

它隐约可见，但又遥不可及。有时候它就在我们的胃里不停地扭动、搅拌，但依旧含糊不清、无法定义。

我们担心不好的事情会发生，我们担心事情无法达到预期，我们害怕后果很严重，我们担心别人会怎么想。

但到底担心的是什么，在哪里、什么时间、会怎样、到底是谁?我们无法回答，因为我们没有认真调查过。实际上我们没有搞清楚是什么让我们担心。我们的恐惧并不具体，它们是无法驱走的阴影，是幻觉，是映射，是在某个地方莫名其妙的感受，或者是曾经的匆匆一瞥。

那好吧，那就让它现在、马上、必须结束。

企业家、作家蒂姆·费里斯[①]曾经谈到“恐惧设定”的

① 蒂姆·费里斯（Tim Ferriss），企业家、投资者、畅销书作家，《每周工作4小时》的作者。——译者注

练习——定义和描述阻碍我们前进的噩梦、焦虑和怀疑。事实上，这种古老的做法可以追溯到斯多葛派。塞涅卡写了关于“邪恶的预谋”的文章，深度思考、剖析我们可能遇到的邪恶。

“流放、战争、酷刑、海难，”塞涅卡说，“人类会遭遇的所有场景都可能出现在我们的脑海中。”不是以恐惧的形式，而是以熟悉的方式。概率多大？可能导致它们的原因？我们该如何应对？对于塞涅卡来说，意外的打击最为严重和痛苦。因此，我们要有所准备，通过标记它们，通过预演可能发生的事情，我们可以同时减少恐惧和降低危害。

“假设油田出了问题该怎么办？”约翰·D. 洛克菲勒时常会这样对自己说，防止自己过度自满。在 19 世纪反复出现的金融危机引起的恐慌中，他大胆行事并积累了大量的财富。

拿破仑认为一个指挥官应该每天很多次地问自己：“如果敌人现在出现在我面前，在我的右边，或者在我的左边我该怎么办？”我们可以想象，这样的预演目的不是要让他的将军们焦虑，而是为了确保他们时刻做好准备。

然而，我们因太担心“诱惑”或“负能量”而不去实践这种勤勉的领导力。事实上，领导者的工作就是思考难以想象的事情。两千多年以来，军事领导人一直恪守相同的准则：对军官来说，唯一不可原谅之罪就是预期不足而措手不及。换句话说，就是我不认为这种情况会发生。

我们都需要鼓起勇气去看看我们所害怕的东西。我们害怕和房间那边的陌生人说话。但是为什么？会发生什么？我们会成为笑柄？我们会被拒绝？我们不想畅所欲言，那又为什么呢？因为我们可能会被批评？在最糟糕的情况下，我们可能不得不去找一份新工作——但我们不是已经有所准备了吗？因为我们可能会死或遭遇不测？就像我们每次登上飞机，每次穿过马路，每次醒来都依旧是一个脆弱的凡人一样？

我们还需要鼓起勇气去思考所有可能发生的事情，思考不愉快的事情、不寻常的事情、出乎意料的事情、不太可能发生的事情。这不仅仅可以减少我们对不确定性的夸大与焦虑，甚至还可以在未知中找到确定性——例如，风险因素、晚上让你不安的东西、敌人的计划以及可能和将会出错的事情。

任何人类对我们来说都不陌生，任何事情也都不足为奇。

道格拉斯·麦克阿瑟总结了战争中和生活中的所有失败："太晚了。"准备得太晚，太晚掌握敌人的意图，太晚开始保护盟友，领导人之间太晚交换联络资讯，太晚去帮助急需帮助的人。在事情刚刚展露端倪的时候，在格兰特那样认清现状的时候，或者没有像拿破仑所说的那样为敌人的出现做准备，一切都为时已晚。

有些沮丧是吧？也许会的。但最好是保持悲观并且有所准备。亚里士多德说过，乐观的人最容易受到伤害，因为"当结果不如预期时，他们就会逃跑"。

预见最坏的情况并且努力表现得最好。①

当恐惧能够被定义的时候，它就可以被打败。当弊端

---

① 也可理解为"做最坏的打算，做最好的努力"。——译者注

被标识，优势才可以权衡。当看清了狼群，它们的数量就变少了。崇山峻岭不过是小小的山丘，大怪兽原来也只是凡胎肉体。

当我们把敌人人格化之后，他们就能更好地为我们所理解。我们认为难以估量的损失也变得清晰可计算，并且值得好好花心思衡量。数据显示，风险远远超过回报。“黑天鹅”出现的时候我们亦可准备好。我们可以击退可能发生的攻击，减小损失的范围，墨菲定律的边界也在缩小。

模糊不清的恐惧感足以阻止我们；我们探究得越多，它对我们的影响也就越小。这就是为什么我们必须攻击这些缺陷并像根除癌症一样将它们连根拔起。

我们害怕是因为我们不知道。我们脆弱也是因为我们不知道。

但现在我们知道了。

我们意识到了，我们就可以继续前行。

Don't Be Deterred by Difficulties

不要被困难吓倒

塞涅卡为生活中的所有可能性和困难做好了准备。但他怎么也没想到这一切会发生在他身上。

战争、沉船、酷刑、流亡……所有这些，再加上肺结核、孩子夭折、尼禄的疯狂、批评和诽谤者。

一方面，他一定觉得这一切非常不幸。另一方面，他知道正是这些遭遇成就了他。

他写道："任何成功如果没有历经险阻就没有荣耀，穆修斯经受了火的考验，法布里修斯经受了贫困的考验，鲁提留斯经受了流放的考验，雷古勒斯经受了折磨的考验，苏格拉底经受了毒药的考验，加图经受了死亡的考验。我们找不到任何伟大的榜样是不曾遭遇过不幸的。"

不要担心事情会不会很难，因为它们肯定会。

相反，要直面现实，因为这些事情会帮助到你。这就是你不必害怕它们的原因。

我们的淤青和伤疤会变成盔甲；我们的抗争会历练成为经验。它们让我们变得更好。它们使我们为成功做好准备，正如成功即将来临一样时刻准备好。它们是使胜利尝起来如此甜美的调味剂。

如果这很容易，那么每个人都可以做到。如果每个人都能做到，它还有多大价值呢？

最重要的是这很难。风险是必要的功能而不是缺陷。

Nec aspera terrent.①

像运动员一样，知道艰苦的训练能带给你什么：更强壮的肌肉。

“没有什么比逆境更好了，”马尔科姆·X② 说，“每一次失败、每一次心碎、每一次失利，都孕育着它自己的种子，从中吸取教训可以让你在下一次碰到困难时提高能力。”

如果你没有经历过比这更艰难的事情，你怎么可能信任你自己呢？如果你以前没有在其他事情中幸存下来，你怎么可能相信你能在这件事上幸免于难呢？

这就是斗兽场角斗士最疯狂的地方。你能相信他们中的许多人实际上是志愿者吗？他们是想了解他们是否拥有决斗所需要的特质。我们都需要对手和逆境的存在。“富裕平和的环境滋生懦夫，”莎士比亚说，“艰难是坚韧之母。”

如果这发生在你身上，并不是坏事，这是很好的历练。更何况，也不是所有人都有力量去这么看。

当下是一个考验。它们被称为“艰难时刻”是事出有因

---

① 拉丁语：不要被困难吓倒。

② 马尔科姆 · X（Malcolm X，1925—1965），原名马尔科姆 · 利托（Malcolm Little），伊斯兰教教士，美国黑人民权运动领导人物之一。

的。发生在当下而不是未来是好事——如果今天不曾经历，你怎么知道未来该怎样应对？是不是这个道理？

你希望凡事都很容易；你希望你不必冒这个风险；如果不进行危险的尝试就好了；而这些都是危言耸听。

困难是件好事。它阻止了懦夫，它激发了勇者。

难道不是吗？

Focus on What's in Front of You

专注于眼前

德摩斯梯尼[①]将军一觉醒来，发现自己即将遭到海陆两军的袭击。

他感觉压力扑面而来，简直太可怕了，他的手下也有所察觉。

他只有一件事可做，那就是全力以赴保护自己免受攻击。

他带领部队向水边进发，并给他们做了动员演讲。当我们面临一个巨大的，甚至是不可能解决的威胁时，也能从这个演讲中受益。

“处于危险境地的士兵和战友们，”他说，“我希望在目前的困境中，没有一个人想要故作聪明地详细计算我们周遭的危险，心存侥幸、权衡得失，最紧要的是直面敌人。在这样的紧急情况下，任何计算都是滞后的；越早面对危险反而越安全。”

可以说，我们都会有恐惧感。我们都会感到焦虑、担心、

---

① 德摩斯梯尼（前384—前322），也译作德摩西尼，古希腊雄辩家、政治家。

怀疑和压力。从孩子到国王，从士兵到全职父母，大大小小的时刻我们都能敏感觉察。

这种焦虑对我们有帮助吗？需要对所有的危险和问题都归类吗？让我们的恐惧升级吗？不！

罗伯特·路易斯·史蒂文森[①]写道："作为一个整体，生命本身就有很大的风险，无法让每一个额外的危险细节都值得考虑。"最好快点行动，早日面对你必须面对的事情。

"不要让你对人生的忧虑压垮了你，"马可·奥勒留说，"不要让所有有可能发生的坏事情填满你的大脑。专注当下，问问自己为什么如此难以忍受、无法解脱。"

他可以向谁倾诉？

他只能自言自语。世界上最有权势的人，统领着一个庞大的帝国，指挥着令人畏惧的军队，他也会感到焦虑和恐惧。

他当然会！一场瘟疫、边境的威胁、宫廷政变、一个难缠的孩子，这都是生活带给他的。

不管你是谁，你都有一些事情要担心。担心对我们有帮助吗？不，它只会让我们分心，让我们深陷其中。推断和对世界末日预测的幻想，会让我们带着怀疑和不安在"兔子洞"[②]中不能自拔。所有的认知成本都会使我们脱离实际。

---

① 罗伯特·路易斯·史蒂文森（Robert Louis Stevenson，1850—1894），英国小说家。代表作品有长篇小说《金银岛》《化身博士》《绑架》《卡特丽娜》等。——译者注

② 兔子洞（rabbit holes），比喻困境。——译者注

1916 年，诗人威尔弗雷德·欧文[1]在法国战壕中把它优雅地表达出来。

那些失去想象力的人很有福气：
他们有足够的弹药可以携带。

当我们不停地胡思乱想，思考无休止的灾难时，我们是极度痛苦和害怕的。但当我们专注于当下我们必须承担和所做的事情时呢？我们就会忙得不可开交，忙得无暇焦虑。

你需要做的是更多地关注当下。这就是斯多葛派谈论坚守“最初印象”的原因。只聚焦你所看到的，眼下是什么，不是未来某一天可能发生的，或者与它相关的所有其他事物。

这是你必须做的决定，你需要付出的代价。你需要走这条钢丝，你需要冲入人群。

够了，这甚至是太多了。

加拿大宇航员克里斯·哈德菲尔德（Chris Hadfield）在第一次太空行走的时候，左眼突然失明，右眼因为流泪也被冻僵。他陷入了彻底的黑暗之中，在更加黑暗的深渊边缘摇摇欲坠。他后来回忆，这种情况下最关键的是提醒自己：“我现在有 6 件事可以做，所有这些都会让事情变得更好。”特别值得铭记的是，正如他自己所说：“已经如此糟糕了，以至于没有

---

① 威尔弗雷德·欧文（Wilfred Owen），英国最伟大的战争诗人之一。战争前线的深刻经验为他的诗作带来别样的色彩，使他真切地写出了战争所带给人们的肉体和精神创伤。

什么能让它变得更糟了。”我们必须知道，我们担心事情变糟所花费的精力原本可以让事情变得更好。

无论是6件事还是5件事，抑或是65件事，最为关键的是，摆在你面前的才是最重要的。正如德摩斯梯尼所说，凡事都是尽早做为妙。

那么，如果你心不在焉；如果你担心某某会如何反应；如果你已经为失败做好了一半的准备；如果你已经锁定所有原因并认定这是个坏主意，那么你怎么可能做好呢？

答案很简单：你无法做到。

你如何权衡这种“不为明天考虑”、为所有可能发生的事情做好心理准备和为所有“如果”做好准备？塞涅卡认为我们这样做是有原因的，而这个原因不是焦虑。蒂姆·费里斯受其启发建立了“恐惧设定”练习。

要跳出当前的困境思考——对于那些可以适当承担压力的人，艰难时期终将被克服，紧绷的压力可以被舒缓，重担必将减轻。

这是一种微妙的平衡，不过你已经掌握了。

Never Question Another Man's Courage

永远不要质疑别人的勇气

詹姆斯·鲍德温[1]对他的父亲又爱又恨，他回想起直到父亲去世时，他才突然意识到，他只看到了这个人的外表。在这个失败的父亲背后，隐藏的是其独一无二的内心挣扎，没有其他人能够完全理解。这就是为什么牧师在父亲葬礼上的致辞对他打击很大。

你知道这个男人的堕落；
但你不知他的挣扎。

判断很容易。

了解很难。

去了解其他人正在经历什么，去洞察其中缘由：他们到底试图控制哪些相关风险？他们在试图保护谁和什么？

① 詹姆斯·鲍德温（James Baldwin，1924—1987），美国黑人作家、散文家、戏剧家和社会评论家。一生著述丰厚，其作品涉及范围非常广泛。——译者注

有一位政治家正在讲台上谴责政敌的罪行。某个匿名与会者把一张纸条递到了他面前。“可是，”纸条上写道，“你当时在哪里？”

这位政治家顿了顿，很艰难地回答：“我当时也像你一样，就在你现在所在的地方。”

意思是，匿名、观望、无所作为，就像在座的每个人一样。

我们不知道为什么有人会退缩，为什么他们总是模棱两可，为什么他们不能达成目标。人们很难接受他们的薪水取决于他们不了解的东西。我们也并不完全知情他人所承受的负担及其严重程度。我们不应该责怪他们，因为我们永远无法真正体会到他们的经历。

我们所知道的是，在我们自己的生活中，很多情况下是恐惧阻碍了我们，遮蔽了我们的双眼，使我们崩溃。

情况往往很复杂：有时，人们在生活中的某些情形中表现得大胆无畏，而在另外的时刻则极端（通常是道德上的）怯懦。这是因为人是多面的，我们非常情绪化。

与恐惧作战是一项全职工作，我们谁都没有能力把它处理得很好，更没有精力时常去监督他人是如何处理的。无论是过去还是现在，我们能做的最好的事情就是向我们的同伴学习，并吸取他们的经验教训应用到我们自己的生活中。

如果你生活在奴隶制时代或帝国主义时期，如果你目睹了欧洲反犹太主义的兴起，你会怎么做？你能对抗时代洪流吗？你会勇敢地独立思考吗？你是否能够抵御住当下的所有诱惑，违背时下的文化规范来释放你的奴隶，或者接受你的同性恋儿子，抑或是支持妇女权利？

恐惧是回答这些问题的关键因素。

如果时间、地点不同，你见过的每个人和你读过的所有东西都基于不同的假设，没有人能真正了解一切将会是什么样子。但一切又都显而易见：在那种情况下你会做什么？正如赫鲁晓夫所说，你会做和今天同样的选择。

不要焦虑“在他们的立场下我会做什么”，而应该问自己：“我现在正在做什么？”

过你自己的生活，为你自己担心。

你必须了解这一点，人们注定会崩溃，人们一定会挣扎。爱比克泰德所经受的30年奴隶生活培养出了他的同理心，正如他所说，在我们还不了解某人的原因前，我们甚至无法判断他们的行为是错误的。

我们也不知道勇敢者到底有多害怕。“只有贴身衣物才能感知我有多害怕”，路易斯·赞佩里尼①回忆起他在日本直江津集中营（Naoetsu camp）当战俘的经历时说。值得庆幸的是，这种恐惧并没有击垮他，至少没有彻底和公开地击垮他——但也使他临近崩溃。我们不要轻易评判，以免自己也被评判。

这是否意味着任何人都不应该被追究责任？无论是有所作为还是无所事事？当然不是。而是说，现在我们有很多自己的事情要关注。让我们先管好自己，把时间用在重要的地

---

① 路易斯·赞佩里尼（Louis Zamperini，1917—2014），一位在第二次世界大战中幸存的美国战俘，奥运会长跑运动员。2010年，由于劳拉·希伦布兰德（Laura Hillenbrand）一本畅销传记的出版，他作为二战战俘幸存的传奇经历再次引发关注。

方——而不是谴责或调查别人上面。

华盛顿的流浪汉、布鲁塞尔的官僚、回到公司的傻瓜，也许，他们是懦夫。但是你呢？你又在做什么呢？

如果我们想要控诉他人的懦弱，那么就让我们保持沉默，以身作则。

不要浪费哪怕一秒钟来质疑其他人的勇气。让我们先彻底地审视自我。

Agency Is an Effective Truth

主动性是一个有效的真理

2007年，高客网[①]登出了一个满篇讽刺与侮蔑的帖子，揭露科技投资人彼得·蒂尔是同性恋，并嘲笑他的个人生活。彼得·蒂尔是一个非常注重隐私的人，所以我们并不为他十分反感身处聚光灯之下感到意外。蒂尔认为，硅谷的伟大之处在于它能够容忍怪人和复杂的人。如果没有人可以被信任，世界会是什么样子？如果一个人的性倾向成为茶前饭后的谈资，世界会是什么样子？如果每一个新的想法还没有机会尝试就被嘲讽，世界会是什么样子？

当他在晚餐时向朋友们提出这些问题，几乎每个人都告诉蒂尔，即使是非常有权势的人，也无能为力。无论多么不公平，多么令人反感，发生在他身上的事情并不违法，因此谁也无法阻止。此外，高客网还四处吹嘘，他们在成百起诉讼中获胜，让他们的对手痛哭流涕、“跪地求饶”。

你对此无能为力。

---

① 该网站宣传自己是“曼哈顿每日媒体新闻和八卦的来源”。——译者注

同样的情况下别人也会这样劝你：最好的办法就是置之不理。

蒂尔也和其他许多人一样，听从了这样的言论，所以谣言也越来越真实。这么多年来，他依旧不认为自己能做什么，即使他才华横溢，作为“脸书”（Facebook）的第一位外部投资人收获颇丰，他仍旧无力改变什么。他接受了无人为自己做主、对此无能为力的事实。借用蒂尔常说的——一个有效的事实。

无论你是亿万富翁还是平民百姓，无论你是身体强壮还是绝顶聪明，事情就是这样。恐惧决定了何去何从，孰是孰非。如果你觉得某事可怕，那么它对于你来说就一定是太可怕了。如果你认为你没有任何权力，那么你就真的没有了。如果你不是自己命运的船长……那么命运就是你的船长。

我们有两种方式度过这一生，在有效的事实之间进行选择：我们有能力改变我们的处境，或者我们受制于我们所处的处境。我们可以靠运气……或相信因果。

当然，仅仅因为你认为自己可以做某事并不意味着你真的可以。但如果你不相信你能做，你害怕它，你就很可能做不到。无论是再试一次还是尝试新的东西——如果你认为它不能完成，它就不会发生，至少不会发生在你身上。

伟大的雅典骑兵指挥官色诺芬在还是雇佣兵的时候，曾经被困在波斯中部，这支希腊军队的首领已经阵亡。作为上万名群龙无首的士兵中的一员，他试图召集那些已经开始绝望的人们，他们因恐惧和沮丧无法动弹，纷纷等待厄运降临。此时，他向士兵们解释了同样的二分法。他说，他们可以在两种态度之间进行选择。

一种是：“我会遭遇什么？”

另一种是：“我要采取什么行动？”

几千年后，在另一片遥远的土地上，詹姆斯·马蒂斯将军同样提醒他的部队：“永远不要认为你无能为力，要选择你的应对方式。”

“勇气比天才更稀缺”，蒂尔曾经写道。事实上，恐惧、不确定性和糟糕的建议让他的天分黯然失色。尽管他拥有大量财富、广泛的人脉、技能和资源，但他认为自己是无能为力的。

然后他就真的什么也没做。

就像现在的你一样，眼前的困扰和难题把你吓退了。

这就是要为自己做主的力量——还有我们的信念。

We Are Afraid to Believe

我们不敢去相信

纳粹集中营幸存者、心理学家维克多·弗兰克尔谈到他对“存在的虚无”笼罩欧洲和西半球感到惊讶。尽管善良战胜了邪恶，科技战胜了自然和匮乏，但没有人感到快乐，没有人抱有希望。他说，这个世界在精神上被炸毁了。

然而，正是因为大屠杀中的经历，弗兰克尔并没有就此绝望。他向后人提出了一个迫在眉睫的问题：如果这一切都没有任何意义，我们为什么还要辛苦地在这可怕的地狱中生存？是什么让你有权如此玩世不恭？

险恶至今依旧存在，人们什么都不在乎。

“存在的虚无”始于20世纪，仍在不断地将我们引入黑暗的深渊。宗教、爱国主义、工业——每一天，这些人类支柱的集体信念都在衰弱。看看我们如何对待历史。我们的祖先一直在勇敢地与困难搏斗，朝着更美好的世界前进，而我们是将自己看成先辈使命的接力者，还是融合种族主义、强盗和魔鬼的怪胎？我们是人类的未来——代表着进步——还是地球上的瘟疫？

曾几何时，我们慢慢但果决地抛弃了曾经让我们不断奋进的东西——那些曾经召唤我们去追求更高境界的东西。根本没有天堂，国家是邪恶的，民众是洪水猛兽，历史不过是一部记录重大罪行的编年史……而且我们还被继续强化“洗脑”，甚至认为个人无关紧要！这些让人受制于比自己更大的力量，让人不能寄希望于战斗或抵抗。

用一个词形容它，就是“虚无主义”（nihilism）。

我们想知道为什么少有人具备勇气？这到底是因为什么？

虽然很可悲，但这种心态似乎是安全的，因为它基于“事实”。它减少了利害关系，它削弱了判断力，减轻了压力，甚至怕其他人对我们失望的想法都会被减弱。它给了我们继续保持现状的借口——绝不冒险，从不尝试，更不需要将自己置于危险之中。

学者们提醒我们，andreia[①] 的反义词并不是怯懦，而是忧郁。勇气是实现崇高理想最真诚的承诺。不像人们认为的那样，勇气的反面并不是害怕，而是麻木冷漠、不抱希望，是丧失信心，是举手放弃，是无奈地说：“这又有什么意义呢？”

如果我们不相信任何东西，就很难找到值得信赖的东西。我们使得虚无主义成为现实，就像我们相信无法为自己做主的谎言一样；还有一种选择，虽然我们无法控制事情的发生，但我们可以控制我们如何应对。如果你担心自己无能为力，那么你很可能就真的什么也不做。

---

① 古希腊语，“勇气”的意思。——译者注

你会因此一事无成，只成为一种受到保护的、充满自我辩解的虚无。

小说家尼古拉斯·莫斯利写道：“如今，谈论生活有任何意义居然是一个禁忌话题，就像性曾经也是禁忌的一样。”

我们想生活在一个有勇者的国度，我们也想变得勇敢……可我们却害怕谈论它，只因为这看起来很愚蠢！

勇者不惧，更不会绝望，他们有信仰。他们不会愤世嫉俗，因为他们爱生活。在他们看来，善恶是存在的，有些东西值得为之献身。他们知道生活有各种问题，但他们更愿意努力去解决问题，而不是袖手旁观。

“生活真实！生命热忱！”朗费罗在他著名的诗篇中写道。

但即使是这样说一说，而不是去相信它，都是需要勇气的。

保持热忱并不容易，保持恐惧和怀疑却可以轻易做到。

我们必须坚信所有这一切都是有意义的，我们的生活、我们的决定、我们是谁。这关系到什么？这就是我们要有所作为，是我们做出的决定，是我们希望可以影响的。

尽管有各种怀疑者和不利于我们的证据，但我们坚信，我们一定能让它成为现实。

Never Let Them Intimidate You

永远不要被吓倒

古罗马参议员赫尔维迪乌斯·普里斯库斯奉皇帝维斯帕先[①]的命令不能出现在元老院。

很多人都收到过这样的传令：禁止提问；不能到处闲逛；要处处小心，以免被发现后让自己陷入险境。

维斯帕先的意图是什么？我们不知道。也许他想通过一些立法来掩盖他自己的罪行，也许他只是不想让自己焦头烂额。不过他知道恐吓吓倒了很多罗马人。

“你有权不让我成为参议院议员，”赫尔维迪乌斯回答，“但只要我还在，我就必须要进去。”

“好吧，”维斯帕先很吃惊，“但你最好闭嘴。”

“不要问我的意见，”赫尔维迪乌斯告诉他，“我会保持沉默。”

---

① 维斯帕先，即韦斯巴芗（Titus Flavius Vespasianus，9—79），罗马帝国弗拉维王朝的第一位皇帝。他是“四帝之年”（“内战”）的最后一位皇帝，结束了自尼禄皇帝死后，帝国 18 个月以来的战乱纷争情势。在他 10 年的统治期间，积极与罗马元老院合作，改革内政，重建经济秩序。后世普遍对这位皇帝评价正面。——译者注

“但我必须征求参议院的意见。”维斯帕先更生气了。

“那我必须说出我认为正确的话。”赫尔维迪乌斯回答道。

于是，死亡的威胁不可避免地出现了。“如果你不停止，如果你说出我让你不要说的话，”维斯帕先手腕一翻，示意站在他身后的禁卫军突击队，“我会杀了你。”

虽然我们中的大多数人永远不会收到这样一个明确的最后通牒，但威胁层出不穷。他们希望我们遵守规定、不要挡路、不多管闲事，不然的话……

这会起作用吗？什么会让我们视而不见？

可悲的是，它大有作用，甚至对有权势的人也有效。赫尔维迪乌斯是精英团体的一员，他们中的大多数人已在胁迫下低头。即便今天也是如此：参议员们担心失去权力，亿万富翁避免争议，以免被排挤在达沃斯或其乡村俱乐部之外。曾经大胆行事的艺术家现在也在迎合他们的赞助人和评论家。

即使是叱咤风云的人有时也会发现与人相处的时候随大流更为容易。在莎士比亚的《恺撒大帝》①（*Julius Caesar*）中，恺撒的一名手下曾经问他，用什么礼貌的借口可以不去冒犯罗马的精英，他若有所思地以第三者的口吻说道：“恺撒会说谎吗？难道我南征北战，攻下了这许多地方，却不敢对一班老叟讲真话吗？”

我们不想冒犯他人，我们不想引火上身。

---

① 尤利乌斯·恺撒（Gaius Julius Caesar，前102或前100—前44），史称恺撒大帝，罗马共和国（今地中海沿岸等地区）末期杰出的军事统帅、政治家，并且以其优越的才能成为罗马帝国的奠基者。——译者注

我们不想失去我们的会员身份、我们的权力、我们的养老金，又或者是我们的特权。我们告诉自己我们能够谨小慎微地完成危险的事情。

所以我们撒谎，我们妥协。更糟的是，我们畏缩了。

丘吉尔曾经评价他的政治对手之一是“无骨的奇才”，正是恐惧使我们也变成了这样的人。

没有人愿意被赶出去。没有人愿意成为下一个万众瞩目的人。然而你正在攀爬的这座山很难登顶，你会丧失信心吗？你要退后一步吗？我们的尝试不重要吗？如果我们蔑视了权威，我们还能如何帮助他人？职位提高之后，我们的境遇会更好吗？

是的，这些至关重要。但杜波依斯[①]说得更对，他说宁可屹立在泥塘中也不会在客厅里阿谀奉承。

穆罕默德·阿里第一次参加冠军争夺战时，比赛的发起人试图以取消比赛来威胁这位年轻的运动员否认他的伊斯兰教信仰。“对我而言，我的宗教信仰比战斗更为重要”，阿里说。他最大的愿望就是在职业生涯中一直比赛，想象一下无法比赛对于他是多么可怕的事，但他仍然没有因此退缩。

“但是这对我有什么好处？”或“但如果我说出来，我的权利是不是会被限制？”不应该这样提问。相反，我们应该有足够的底气去质问，“如果每个人都这样做？”“如果每个人都

---

① 杜波依斯（W. E. B. Du Bois，1868—1963），美国社会学家、历史学家、民权运动者、泛非主义者、作家和编辑。

将自己的利益高于一切？”“如果每个人都害怕？”

那世界将会是什么样子？

那一定不是一个好的世界，更不是一个安全的世界。

这就是为什么赫尔维迪乌斯无畏地直视维斯帕先的眼睛说：“你尽你的职责，我尽我的本分；杀戮是你的权力，死亡是我的义务，我不会惧怕；即使你放逐我，我也不会带着悲伤离开。”

后来，他被放逐、被赶出议会，最后被处决。

他丢了工作，甚至失去了生命。这正是我们最害怕失去的两样东西。

但是，当他还拥有这些东西时，他真正彰显了其价值。

All Growth Is a Leap

所有的成长都是冒险

二年半过去了，签署《独立宣言》（*Declaration of Independence*）的那个时刻仍然烙印在本杰明·拉什的脑海中，房间里的每个人都不会忘记它。

“你还记得那个时刻吗？”晚年的时候，在他写给约翰·亚当斯的信中提道，“当我们一个接一个地被召唤到国会议长的桌前，签署那份我们内心认同的文件时，可怕的令人陷入沉思的寂静弥漫在屋子里，对于当时的很多人，那是否就像签署我们自己的死刑令？”

当签上你的名字时，你就已经身陷险境。

今天回溯当年的事情，他们可能知道他们会成功，他们看起来如此有先见性、勇敢和坚强。可在那个时候，拉什才刚满20岁，他就投入了一生最危险的一段经历之中。

然而，他做到了。

在格林童话《金钥匙》中，地球老人向一个小男孩展示了世界的残酷，没有风险就没有发展。地球老人移开了洞穴入口处一块巨大的石头，让小男孩看到了一个深不见底的洞。

“就是这样。”他说。

“可是这里没有楼梯。”男孩回答。

“你必须全身心投入，”他告诉男孩，“没有其他办法。”

这很可怕，但没有其他的选择。

泰格·伍兹在重新设计了他的挥杆后，希望依旧可以保持他原有的挥杆记录，但事实并不如他所愿。他经历了可怕的第一次、第二次、第三次和第四次。

所有的成长都要经历风险。如果你感到害怕，你永远都无法完成任何有价值的事情；如果你一直焦虑恐惧，你永远不会迈出第一步，可能会腾飞的那一步。

我们本可以仗义执言，我们本可以为未来下注，我们本可以遇到贵人，我们本应该吸取教训，我们本可以在战斗中获胜。

如果生活充满了确定性，如果眼前是一条阳关大道，那会怎样呢？如果生活真的是这样，就不需要勇气了。

如果有人能向里德·哈斯廷斯[①]展示电视和电影的未来是采用流媒体播放，那简直太棒了。但没有人这么做。不过，里德的商业感知力很好，他认为流媒体一定是未来。他同时经营着一项价值数十亿美元的业务，通过邮寄方式租赁DVD。为了抓住流媒体的上行空间，他将DVD业务置于危险之中。他不得不冒着风险，勇敢地在分析家和批评家以及自己的怀疑中前行，就像每一个曾经成功的领导者和企业家一样，做着他必须做的事情。

---

① 里德·哈斯廷斯（Reed Hastings），Netflix（奈飞公司）的创办人。——译者注

没有人能够告诉你，你的计划是否会成功。没有人能给出你问题的答案。没有人能保证你会活着回家。他们甚至不能告诉你那个洞到底有多深。

如果他们可以，如果这并不恐怖，每个人都可以做到，那就不需要你来做了，不是吗？

懦夫永远等不到他们的契机。他们总是想知道胜算的概率，他们需要时间来准备，他们想得到承诺，他们希望有喘息的空间。他们为了得到这些愿意放弃所有一切，包括那些永远不会再现的瞬间。

弗洛伦斯·南丁格尔提醒我们："宁可在海浪中死去10次，也不要站在岸边无所事事，尝试是通往新世界的道路。"

像她一样，开创一个新的世界。想象一下，如果她没有这样做，会有多少不必要的死亡？想象一下，如果她从来没有足够的勇气迈出这一步呢？

生命如此短暂。作为一个年轻人，一个个体，在这个星球上，在这份工作中，你打算如何度过？像个懦夫一样吗？

如果恐惧是你生活的动力，你就总会害怕错过什么。你害怕如果不采取行动会发生什么。因为胆子太小，你担心将来别人如何看待你。想想你放弃了多少，想想畏畏缩缩的可怕成本。

你感到的恐惧是一个征兆。如果你的生活从不需要勇气，那么将会拥有无趣的人生。

整装待发，随时准备生命中的那一跃吧。

Don't Fear Decisions

不要害怕做决定

迪恩·艾奇逊当时也在场，他的眼睛里带着光芒，他在创造，更确切地说，重新创造一个从二战残骸上建立起来的新世界的秩序。他是乔治·马歇尔的副国务卿，之后是哈里·杜鲁门的国务卿。退休后，他为约翰·肯尼迪和林登·约翰逊当顾问。

他亲历了美国历史上的一些最关键和最紧张的时刻，如马歇尔计划、柏林空运、古巴导弹危机、越南战争等。在这种弱者孱弱无力、强者伟大光荣的高压态势下，唯有有勇有谋的领导才能将世界从混乱和破坏中挣脱出来。怯懦退缩不仅失去颜面，还会威胁数百万人的生命。

"高层决策，"艾奇逊意识到，"从来就没有轻松的选择。一切选择都是两害相权，而后果往往难以预估。"

但这正是令我们害怕的地方——做出错误的决定，把事情搞砸，后果将不堪设想。

这又怎样？那又如何？

如果我弄错了呢？如果其他人不同意呢？如果发生了其

他事情呢？你应该坚持吗？

还是逃走？

你应该说些什么吗？你应该这样还是尝试那样？

它不起作用又该怎么办？

有这么多的选择，没有哪个是容易的，统统无法看清状况。这么多可怕的选择正在折磨着你，正如莎士比亚所说："就像一个幻影，或者一个可怕的梦。"

我们告诉自己正在思考，我们正在权衡利弊，我们已经取得进展。

事实上，我们因恐惧而无法前行，被选择压得喘不过气来。我们担心事后的批评、对犯错后的悔恨。我们的所作所为仅仅是让自己更加痛苦。

我们告诉自己这事关选择……真实情况是我们因为不断权衡而陷入停顿。

与此同时，很多人正在取得进展。

有一个关于一位斯巴达国王带领军队穿越希腊的故事。每到一个新的国家，他就派使者前去交涉，询问是应该做好准备把他们当作朋友还是敌人。

大多数国家都迅速做出决定，其中大部分选择了合作。但是有一位国王想要再考虑一下他的选择，因为他害怕做出承诺。所以他想呀，想呀，想呀……直到对方为他做出了选择。

"那么，让他慢慢考虑吧，"失望的斯巴达国王咬紧牙关说道，"我们前进。"

正如歌曲所唱的那样，即使你选择不做决定——即使你推迟了所有事情——你仍然做出了选择。你选择安于现状，你把投票的权利让给了他人，你放弃了为自己做主的机会。

“怯懦者最害怕的，”索伦·克尔凯郭尔[①]说，“是下决心，而决心会立即驱散迷雾。”

你害怕的是后果，所以你一直在考虑，希望你能推迟进程。

不做选择就不会失败吗？当然会，你失去了宝贵的时机，你失去了动力，你失去了不断反思的能力。

① 索伦·克尔凯郭尔（Soren Aabye Kierkegaard，1813—1855），丹麦神学家、哲学家及作家，一般被视为现代存在主义哲学之创立者。——译者注

You Can't Put Your Safety First

不能把自己的安全放在首位

尤利乌斯·恺撒试图推翻罗马共和国，因为罗马共和国的制度阻碍了发展。同时期，他的长期竞争对手西塞罗似乎主要考虑的是他自己。西塞罗后来指出："在长期战争生活中，一个人应该选择更强大的一方，并选择更为安全的路线。"

他没有选择保护他长期服务的国家并为之而战，而是等着看事情如何解决。当恺撒获胜时，西塞罗留下来称赞他，甚至去审查他亡友的悼词，以免冒犯新的独裁者。当恺撒被暗杀，罗马再次陷入内战时，西塞罗依旧置身事外，而不是做他应该做的事。

你可能认为这样西塞罗就可以苟且偷生了，但讽刺的是，他很快就被马克·安东尼杀死了。即便他活了下来，他的职业生涯无论如何都会结束，因为他已经失去了一切信誉。他悲惨地死去，不仅失去了生命，还失去了多次成为英雄的机会。

当然，或许可以退后一步，让事情自然而然地得到解决。之后我们选择一方或者选择赢家，这样做也许收获颇丰。或许，在历史的长河上，这样的做法也无可厚非。

可能是吧。

但在内心深处，你深知恐惧留下了污点。

西奥多·罗斯福提醒我们，“一个将个人安全放在首位的人，从来没有值得冒险的经历。”

有些事情比死亡更为糟糕。我们不得不仅仅为了维持生计做一些事。我们后悔失去了成为英雄的机会。我们生活在一个由懦夫统治的地狱般的世界。

牧师和民权先驱弗农·约翰斯被带到一名白人法官面前，要求回应他有争议的讲道。他本可以道歉，他本可以妥协，他本可以保护自己，并承诺永远不会批评种族隔离或种族主义。按照西塞罗的逻辑——这是安全的做法，这也可能是正确的决定。而当时的情形是，他直视法官的眼睛说：“在南方，无论我走到哪里，黑人都被迫在他的种族和他的灵魂之间做出选择。大多数情况下，他们都屈服于自己的种族身份。我要告诉他们的是，外在不能决定什么。”

恐惧本身也有自利的强大逻辑，但它也是一个彻头彻尾的骗子。

它承诺的自我保护，它带来的舒适感，都是真实的吗？你真正安全吗？

我们都是脆弱的生物，这一点没有什么能够改变。如果你认为把宝押在坏人也有好的一面，是安全的一搏，那无疑是相当愚蠢的。你似乎愿意用拖延的方式来确保未来？但没有什么可以保证。这一刻，你忽略的这一刻，无论是尝试去做一些冒险和有趣的事情，还是接受使命的召唤做一些令人痛苦但正确的事情，都是你所拥有的。

我们往往认为通过平庸的决策也能拥有不平凡的生活，但事实并非如此。实际上，正是所有日常的决定，无论是专家推荐的，还是无人批评的，那些似乎安全的决定，都让我们在混乱和危机时期变得异常脆弱。

值得注意的是，大多数人都会死在床上。从床上起来活动反而更安全！

战略家彼得·德鲁克写道，在商业中试图去创造未来是有风险的，可如果不去尝试，风险将会更大。因为未来终归会变为现实，总会有人去尝试，而你错过了时机，没有赶上趋势，那么你会失去主动权。

生命是有风险的。正如诗人迪伦·托马斯所说，每一天“总是一触即发”。再多的企图掩饰也不会改变这一点，再多的隐藏也不会真正保护你免受这些可怕的事情的影响。我们能活着已经是幸运儿，我们也将向死而生。当你意识到这一点时，你就可以不再那么在意和担心每一个危险和每一个可能出错的事情。

有谁在乎？一切不过是沧海一粟，作为凡人，关于风险衡量的另一端已经超出了我们的认知。

所有的确定性也都是不确定的。你并不安全，永远也不会，也没有人会是安全的。将安全置于一切之上时，我们实际上是将自己置于更多的危险之中——会被遗忘，会被放弃，会被栽赃。

你将如何应对危险？

“我会怎么样？”没有人能告诉你这一点。但是，你可以鼓起勇气对自己说：“我不确定，但我会带着完整的灵魂渡过难关。我会尽力而为，我不会害怕。”

Fear Is Showing You Something

恐惧向你示威

1901年，西奥多·罗斯福在邀请布克·华盛顿[①]到白宫共进晚餐之前犹豫了。这是美国历史上第一次现任总统邀请黑人做客就餐。

他犹豫了是因为他害怕。他担心他的南方亲戚会有不满，害怕报纸会大做文章，害怕支持种族主义的选民会抛弃他，害怕他会失去南方对他的支持，这可能会让他在选举中失利。一位在任总统——他曾带领“莽骑兵”发起自杀式进攻，他猎杀过黑熊，战胜了儿童时期严重的疾病，战胜了抑郁和悲伤以及数不清的其他障碍——他竟然担心人们会怎么想。

这是一个可怕的情景。正如《纽约时报》第二天的头版头条所写：“按照规则，华盛顿人民谴责总统违反先例——马里兰州的竞选活动受到影响。”

按规矩要被谴责！

然而最终，罗斯福决定克服恐惧。

---

① 布克·华盛顿（Booker T. Washington，1856—1915），美国政治家、教育家和作家。他是1890—1915年美国黑人历史上的重要人物之一。——译者注

罗斯福在给民权顾问的一封信中说："因为他的肤色，我对邀请他有过片刻的犹疑，这让我为自己感到羞耻，也促使我立刻发出了邀请。事实证明，我很高兴邀请了他。这件事引起了公众的争论，更让我觉得这么做是非常必要的。"

没有规则是完美的，但这条规则非常有效：我们的恐惧就像一个能给我们自我暗示的箭头，引领我们做正确的事情。我们一方面知道自己应该做什么，但另一方面我们又惧怕不可避免的后果。恐惧提醒我们注意危险，也提醒着我们这是绝好的机会。如果它不令人畏惧，那么每个人都能做到。如果这很容易，就不会有任何进步。这种自我保护的色调就像是金属探测器发出的砰砰声，我们也许能发现什么。

我们要忽略它吗？还是会继续深挖？

恐惧令我们犹豫不决，它总是给我们不做的理由，它让我们无所作为。如果我们没有发现自己时常如此犹豫，就要意识到是我们对自己的推动不够。

你也可以想象一下布克·T. 华盛顿的犹豫。他冒着生命危险接受罗斯福的邀请。他冒着南方白人捐助者不稳定支持的风险。他惹了一个大麻烦。"我们将不得不处决一千名黑人，"参议员本杰明·蒂尔曼[①]回应说，"好让他们再次知道他们应该在的位置。"[②]

---

① 本杰明·蒂尔曼（Benjamin Tillman，1847—1918），1890—1894 年任南卡罗来纳州州长，1895—1918 年任美国参议员。——译者注

② 然而截至 2021 年，参议员蒂尔曼的雕像仍然矗立在南卡罗来纳州议会大厦前的场地上。

然而华盛顿前往了，无所畏惧、义无反顾。后来，罗斯福的侄女埃莉诺[1]谈到此事时说，去做你不能做的事情。当你被告知不允许做这件事的时候，当有人告诉你，会为你所做的决定而后悔的时候，当你内心痛苦而犹豫不决的时候，恰恰说明这就是你应该做的事情。

但是我们的客户会怎么想？如果我们的竞争对手用这个来对付我们呢？如果它不起作用怎么办？人们会生我的气吗？

让这些统统见鬼去吧！

决定做出见证。决定全力以赴迎接进行新的冒险。承担创意的风险。决定回复记者的邮件。决定说出你不愿说的话。

他们说不要在意你的恐惧，但也许这正是我们应该做的。

我们应该认真聆听，然后反其道而行之。

---

① 安娜·埃莉诺·罗斯福（Anna Eleanor Roosevelt，1884—1962），政治家、外交家和作家，美国第 26 任总统西奥多·罗斯福的侄女，第 32 任总统富兰克林·罗斯福的妻子，她提倡人权并保护穷人。

The Scariest Thing to Be Is Yourself

最可怕的是你自己

在20世纪60年代，弗兰克·塞尔皮科是纽约警察局的怪人。当地大多数警察是爱尔兰人，而他是意大利人。他留了长发，喜欢歌剧和芭蕾。他住在格林尼治村[①]，而他的大多数同事都住在安静的郊区。他有一条白色的大牧羊犬，他喜欢穿马甲、皮衣和各种奇怪的衣服。

在他不穿奇装异服之时，塞尔皮科也会时常穿着精心自制的伪装出现在街上，以便更好地抓捕罪犯——可他却一次又一次地错过晋升为卧底侦探的机会。

他就是个奇怪的人。

谢天谢地。

与塞尔皮科合作过的一名检察官抱怨说，这位男士很难相处。塞尔皮科提醒他，如果他不那么较真，和警察局里的其他人一样同流合污，就根本不会有反腐败的案子。

根据定义，我们每个人都是独一无二的。我们的 DNA 未

---

① 格林尼治村是纽约著名的艺术家聚集区。——译者注

曾在这个星球上出现过。没有人能够体验我们每个人独特的感受。然而，我们如何对待老天的这份馈赠呢？我们把它抛弃了。我们的选择是不做我们自己；我们的选择是顺其自然，不吭不响。

令人难以置信的是，在纽约警察局，警察发现收受贿赂比保持廉洁更容易，这就是现实。站出来就意味着你成为出头鸟、成为众矢之的。这将是非常艰辛与孤独的。

出于恐惧，我们选择顺从；出于恐惧，我们做了不该做的事，我们闭上了嘴。我们甚至不希望别人做他们自己，因为这会让我们感到不舒服。

棘手、另类、我行我素、麻烦制造者，同性恋？怪胎？这些词在约翰·埃德加·胡佛①、克格勃或盖世太保收集的档案中随处可见。当这些胆小鬼被挑战，或者感到他们的非法政权或不公正遭到生存的威胁，他们就会用这些恶语来称呼勇敢者。

那些自信的人在努力地实现自我的时候，他们的自由精神会令我们感到羞耻，我们甚至会在心里用这些恶言恶语默默地咒骂他们。

这是我们希望人们弄清楚的微妙的平衡。我们希望每个人都在同一战队；我们希望他们对文化认同，就像在军队中，人们穿一样的衣服，甚至理一样的发型；我们希望人们听从命

---

① 约翰·埃德加·胡佛（John Edgar Hoover，1895—1972），美国联邦调查局的第一任局长，始终对好莱坞电影工业着迷，且对政治左派持深度不信任的态度。——译者注

令，按照指示去做事……

然而，我们居然期望自由得以蓬勃发展，新的发明和想法可以从天而降，人们表现出非凡的牺牲精神和勇气。就好像这些东西有可能存在完全服从的世界中。

压力下我们削光了棱角，弱化了抵抗……或者，不然呢？我们扪心自问。“虽然有军队围困，”《诗篇》(*Psalm*) 27篇写道，“我的心不曾惧怕；即使战争爆发，我仍有信心。”

不管是谁，或多少人给你施压，你都必须是你自己。

信心十足地、真实地、勇敢地做你自己！

具有讽刺意味的是，像弗洛伦斯·南丁格尔这样的开创性女权主义者也批评女人试图“像男人一样”。做你自己，她说——我们不需要疯狂地模仿别人或本能地否定任何人。我们都会面对其他人的期望和刻板印象。我们应当抵制这种做法，同时，我们可以记住塞涅卡的建议：我们不需要在每一件小事上都与人群抗衡；我们不需要为了与众不同而与众不同——任性的反叛可以是一种防御机制。但如果我们这样做，我们就会看起来和其他人一样，我们最好确保我们的内心有所不同，成为我们真正想成为的那种人。我们在内心深处知道如何成为正确的人。

因为与众不同所需的勇气也是独立思考所需的勇气，如看到别人看不到的东西，听到别人听不到的东西。那么多先行者和艺术家都似乎是怪人，这并非巧合。正是他们的古怪，让他们看到了其他人看不到的东西。

成为警察，成为军人，成为哲学家，还是继承悠久传统，成为一名摇滚乐手？握住别人的手，但在你的内心深处仍要确保还是你自己。你不会因为恐惧而闭嘴或者退缩，你不会因为其他人正在做，你也去做同样的事情。

保持个性，做你自己。不然就是懦夫的表现。

不要让懦夫的意见影响你的想法或行为，未来取决于你自己！

Life Happens in Public. Get Used to It.

生活发生在公共场合，习惯它

杰瑞·温特劳布梦想成为一名演员。

他进入了纽约戏剧学院，师从桑迪·迈斯纳，詹姆斯·凯恩是他的同学。你大概看过詹姆斯·凯恩的电影，而没有看过杰瑞·温特劳布的电影，这是因为恐惧。

或者更确切地说，是恐惧的另一个身份：羞耻。

杰瑞和詹姆斯被派去为玛莎·葛兰姆[①]教授的舞蹈课买衣服，他们去了百老汇的一家商店。当杰瑞试穿紧身衣时，这个来自布朗克斯的硬汉看了一眼镜子，认为自己绝不能这样出现在公共场合。詹姆斯·凯恩和他来自同一个街区，他的父亲曾是一名屠夫。照着同一个镜子，他同样认为自己是一个硬汉。但他没有让那种不自在的感觉占据上风。

正如作者里奇·科恩所写："这是分界线，是关键时刻。

① 玛莎·葛兰姆（Martha Graham，1894—1991），又译为马莎·格雷厄姆，舞蹈家和编舞家，美国现代舞表演的创始人。——译者注

詹姆斯·凯恩穿上拖鞋和紧身衣，所以他作为演员名字出现在演职员表中，比如《教父》(*The Godfather*) 中的角色——桑尼·柯里昂。杰瑞·温特劳布因为满脑子是正常、体面的人性耻辱，没有穿上拖鞋和紧身衣，所以他作为制片人，名字出现在了演职员表中。”

一个获得奥斯卡奖提名，另一个包装了电影《龙威小子》(*The Karate Kid*)。两个人都获得了成功，但只有一个人实现了他们共同的早期梦想，能够大胆地、勇敢地站在镜头前，并拥有它。

虽然我们大多数人不会借银幕谋生，但我们都必须面对这种不愿被人看到的情形。我们担心别人的想法，害怕窘迫或尴尬的时刻，这与阻止一个人加入战斗的恐惧不同，但它同样是一种限制，是一种勇气的缺乏，它同样让我们丧失了人生中的很多机会。

没有任何改变、任何尝试和任何行动不让人感到奇怪。几乎没有任何成就不引起人们的注意或争议。当然，赌上自己就会有失败的可能，被公众看到就会有被羞辱的风险。

任何试图离开舒适区的人都必须知道这一点。

然而，我们宁愿去“死”，也不愿意去做出令我们不适的改变。

喜剧演员杰瑞·宋飞曾经指出，人们认为公开演讲比死亡更为糟糕，毫不夸张地说，在葬礼上，很多人宁愿躺在棺材里，也不愿发表悼词。

在古罗马，也许没有比克拉苏更好的演说家了，他以演讲出色以及对腐败和邪恶的控诉而闻名。至少他在观众面前表现出的是这样。然而他后来承认，你也许没想到，在每次演讲开始时，他都会“感觉整个人和四肢都在颤抖”。即便作为演讲大师，他仍然自我怀疑。在他上台之前，一股压倒性的焦虑和恐惧笼罩着他。

在事业初期，克拉苏对演讲的恐惧更加严重。他曾表示要对一位法官永远心怀感恩，那是他第一次在公众面前亮相，当时，在法官看来他显得“非常沮丧和无能为力”，于是法官将听证会推迟了几天。我们可以想象那法官用仁慈的话放过了克拉苏，正如克拉苏祈祷的那样。我们也曾成千上万次地如此祈祷，宁可被打倒甚至被杀死，也不愿在公共场所继续演讲。

然而，如果克拉苏没有克服那种恐惧，我们今天就不会谈论他。

他是不是宁愿在书房研究并践行法律？当然，正如塞尔皮科可能希望他可以随心所欲地穿衣服而不被评论。然而生活就是这样，它不关心我们的偏好。很多时候你不得不孤军奋战。如果你连当众讲话都做不到，那么在重要的时刻你怎么可能有勇气呢？

你穿上了紧身衣。你克服了怯场——即使你熟练掌握了公开演讲的艺术之后，也依然会感受到恐惧。你进入证人席，向聚集在一起的员工传达了艰难的消息。你只是学会了不再揣摩他们的想法。如果你做不到，你永远做不了创造性的工作。你不仅要站出来，而且要站在他们面前，说出你的真实想法或感受。这就是被叫作“公共生活”的原因。

我们不可能在私下取得成功。

斯多葛派会说，具有讽刺意味的是尽管我们总是关心我们自己，但我们似乎更看重别人对我们的看法，而不是自己的看法。被释放的奴隶爱比克泰德说：“如果你想进步，就要自信地接受自己看起来无知或愚蠢。”你能做到吗？你必须这样做。

当我们逃向舒适的地方，不敢抬头，站在房间的后面而不是前面，我们逃避的是机会。当我们屈从于恐惧，当我们让它决定我们应该做什么和不做什么时，我们会错过很多。不仅错过了成功，也错过了自我实现的可能。

如果我们不介意脸红，我们会变成什么？如果我们不介意聚光灯，我们能实现什么？如果我们足够坚强，我们可以穿上紧身衣吗？如果我们不仅不惧怕失败，甚至不惧怕在人前失败呢？

Which Tradition Will You Choose?

你会选择哪种传统？

想象一下早期人类所感受的最纯粹的恐惧。想象一下把孩子带到一个存活率低于50%的世界是什么样的感受。想象一下，在各种天灾人祸面前，经历了萧条、灾难、战争和不确定的担忧是什么样的一种感觉。

他们如何应对这一切？

他们继续前进，总之他们做到了。

那些走过大陆桥通往新大陆的人，火灾后重建家园的人，穿戴盔甲投入战斗的人，向政府要求不可剥夺权利的人，怒视暴民的人，在夜深之际逃离奴役和缺乏机会的土地的人，还有那些探索科学前沿的人，最终，他们间接和直接地创造了你。他们的血液在你的血管中涌动，他们的DNA已注入你的体内。

即使你不是来自名门望族，即使你来自受迫害的少数群体，或者你是战士和幸存者。“你来自身体强壮的农民阶层，”詹姆斯·鲍德温向他的侄子解释道，“那些采摘棉花、筑坝、修建铁路的人，在最可怕的情况下咬紧牙关，获得了坚不可摧和不朽的尊严。”

他所在的族群可曾害怕过吗？当然。大家都会恐惧。但是我们选择遵循传统。

“我要提醒你们，我们的祖先也曾经历过这样的危险，”色诺芬告诉这些被困在波斯、心怀恐惧的人们，“这样你们就会意识到，在众神的帮助下，勇敢是无比正确的选择，勇敢的人可以安全地从最严重的困难中解脱出来。”

我们必须铭记，历史不是童话故事，而是血雨腥风。真实的人，像你我这样的人，不比你更优秀，也不比你更健康——勇敢面对命运，拳打脚踢，给出他们最有力的一击。他们失败了，他们犯了错误，他们被击倒，但他们活了下来。他们活得足够长，推动了历史的前行。在一种情景下，他们是我们真实的父辈；在另一种情景下，他们是我们家族的象征。

这其中当然也有懦夫，但我们可以把他们从家谱中剔除。

当我们感到害怕的时候，我们仰望我们的前辈。我们可以瞻仰为他们竖立的纪念碑。我们可以阅读他们书写的文字，因为这是我们的传统。

他们给了我们一根接力棒，我们会接过来吗？

当年迈的弗洛伦斯·南丁格尔走到了生命的尽头，临终之言被记录在了蜡板上。她说：“当我不再是一段记忆，而只是一个名字的时候，我希望我的文字可以延续我一生的伟大事业。”

You Can't Be Afraid to Ask

不能害怕去询问

前线人员知道他们的职责是当其他人逃跑的时候冲向爆炸物。父母知道应当将自己的利益和需求置于孩子之后。开朗的人知道别人有多么期待他们的幽默和希望。

但是这些人知道他们也可以寻求帮助吗？

你知道吗？

还是你害怕这样做？

从历史上来看，斯多葛派都很强大、勇敢，并且尽职尽责，他们毫无怨言、毫不犹豫。他们勇敢地承担重任，并在必要时心甘情愿地为他人服务。但在某种程度上假设他们是超人，认为他们从不挣扎、从不动摇、从不需要任何东西，这无疑是错误的。他们就像我们一样，在需要时也会去寻求帮助。

他们并不害怕这样做，因为有些时候，这是最坚强、最勇敢的行为。

“不要因为需要帮助而感到羞耻，”马可·奥勒留写道，“就像一个翻越城墙的士兵，你有一个任务要完成。如果你受伤了，你需要一个战友来把你拉起来，那又怎样呢？”

对呀，又怎么样呢？

你在寻找一个帮手，而不是一个手册。你希望得到建议，而不是被忽略。你治疗伤口希望尽快重返战场。你大声疾呼不是为了博得同情或关注，而是希望同样的事情不会发生在其他人身上。你不想无功受禄，而只是希望把握当下属于你的时机。

多年来，“瘾君子”不敢寻求帮助，不敢承认自己无能为力。多年来，高管坐在办公桌后，与冒名顶替综合征①作斗争，不敢问其他人是否也有同样的感受。多年来，母亲意志消沉地坐在那里，为她的孩子们服务，不敢要求其他人来帮帮她。多年来，老兵一直隐瞒着自己的痛苦，隐藏着他们英雄主义的真正代价，害怕因此显得软弱。

我们害怕敞开心扉，我们害怕分享，我们不想让任何人知道我们内心的感受……所以我们所有人都感到更加孤独。那么击退这种恐惧需要什么力量呢？没有能力或不愿意这样做会造成什么痛苦呢？

当学生提出问题时，会发生什么？——他们学到了他们不知道的东西。向自己的朋友透露一个困境时，会发生什么？——友谊越来越牢固。当员工承认工作量太大时，会发生什么？——公司雇用员工、效率变得更高。当有人有勇气谈论他们遭遇过的丑事时，社会就会被推动，就会采取措施，更多的丑事就会被阻止。

① 冒名顶替综合征是一种心理现象，指一个人怀疑自己的能力，并把自己的所有成就归功于运气或巧合。这种现象使人们经常担心若他们失败了，他们想打动的人会识破自己实际上是一个骗子，或者不如想象中那么聪明、有能力或有技能。——译者注

有时候，提问本身就已经是一个突破，是解锁内心的敲门砖。现在我们已经足够强大，可以解决我们的问题了。

我们和我们的秘密一样脆弱。我们受到恐惧的摆布，我们不敢直言不讳，仅仅设想一下要接受考验的假设就令我们动弹不得。

没关系，只需要一分钟。我们可以寻求帮助。我们需要得到保证、安慰、帮助、宽恕等。需要治疗吗？现在就去！需要重新开始吗？没问题！需要依赖别人的肩膀让自己站稳吗？当然可以！

如果你不问，你将一无所获。你不会了解你害怕承认的东西。所以现在就张开嘴巴，现在，在为时已晚之前，在你还有勇气之时，开口请求。

我们共同完成使命，我们是战友，请寻求帮助。这不仅是勇敢的，而且是正确的做法。

When We Rise Above ...

当我们高高在上时

在你真正投入战斗之前，恐惧是一种正常的情绪反应。
这是战前准备的最后一步，迎接未知……
这无疑是证明你是一个好士兵的绝佳机会。
第一场战斗——与自己的战斗——将会结束。
之后，你做好准备与敌人作战。
——《军队生活手册》，1944 年

你有理由害怕。

这在逻辑上成立。否则，从心理学上讲，它也不会存在。把自我保护放在首位确实有好处——最重要的是——可以让你活着。

但问题不应该是，恐惧有它的好处吗？当然会有。问题是，如果每个人的行为都是出于恐惧，情况会如何？

我们都知道答案是什么，我们将身处地狱。我们可以想象得出来，生活会变得更加可怕。

因此，正如萧伯纳所说，理性的人使自己适应世界，但进步——希望——取决于不理性的人的勇气。恐惧是有道理的，为了规避风险，为了适应，为了安定下来。为自己谋利，这无疑是安全的。无数的言语在提醒我们：枪打出头鸟。顺其自然，不要争斗。胳膊扭不过大腿。

然而，如果每个人对此深信不疑，如果恐惧至高无上，这些说辞不仅会成为有效的真理，而且善良永远不会战胜邪恶，新事物永远无法突破现状，任何事情都不会得到改善。

这并不是我们想要的。这也不是我们来到这个星球的使命。

当然，有些人可能这么想。但这肯定不是你所期望的。

我们选择想要倾听的声音；我们选择是否要稳妥行事、谨小慎微、害怕、顺从、隐世或者愤世嫉俗；我们选择是否击败这些恐惧，是否坚持自己的路，是否在独木桥的一边张望并转身——还是继续前行。

你是否有勇气？能否勇敢面对恐惧？勇气是我们的召唤。我们不必这样做，但我们无法逃避这样一个事实，那就是所有美好都依赖于它。

我们在生活中想要什么，世界需要什么——所有这些都在恐惧的另一边。如果我们希望得到它们，那是需要靠勇气获得的。

读书笔记

第二章

勇气

与逆境不屈抗争，以无畏的气势面对敌人。

独自面对时，找出一个人能承受的极限！

让冲突、折磨、监狱、众人的羞辱与你直面！

走上绞刑台，行至枪口，我处之泰然。

成为真正的神！

——沃尔特·惠特曼

勇气可以压制恐惧并帮我们战胜它。这是一个属于你的决定，无论在危急时刻，或在平常的日子里，都要做自己的主宰，在任何情况下都能自主，不仅超越自己，还要超越其他所有人都已经屈服的命运。我们可以诅咒黑暗，也可以燃起希望的烛光。

我们可以等待他人的拯救，我们也可以起身自救。你会选择哪种？每个英雄都会面临这样的选择。我们的Discremen[①]——正是人生的紧要关头。在关键时刻，你会勇敢面对吗？你会置身其中吗？你将展现一个什么样的自我？是懦弱地推卸职责，还是勇敢地挺身而出，接受召唤、克服恐惧、把握自己的命运，知其不可为，也要尽力为之？……即使你不知道自己是否能够成功，也要有毅力和精神、胆量和勇气。这并不容易，但我们不会惧怕。正如莎士比亚所说，我们必须“泰然若素，与自己的时代狭路相逢”。这是我们的命运，让我们把握住它。

---

① 古罗马人用来描述非常危急而痛苦的紧张时刻，那一刻的抉择决定着人的一生。——译者注

The Call We Answer ...

我们接受的使命召唤

一个人拯救了法国。

夏尔·戴高乐认为法国值得拯救，然后他成为孤勇者。

1940 年 6 月，法国被坦克攻陷，落入了德国之手。而那时，法国的领导人出于恐惧，急迫地与现代历史上最邪恶的侵略者私下谈判并选择投降。同一时间，戴高乐登上了一架小型飞机飞往英国。

这是他一生中最可怕的飞行之一。不仅是因为飞机很可能在起飞前被击落，他会被捕，还因为当时很多其他的航班，包括为他的家人准备的航班，都有可能机毁人亡。他回忆起那短短的一个半小时的旅程，“我觉得我独自一人，被剥夺了一切，就好像一个人站在海边希望可以横渡过去。我觉得生命即将结束，我依附的强大的法国和荣辱与共的军队里的一生正在消逝”。

戴高乐不是法国的民选领导人，他出身也并不高贵，他甚至不是最高级别的将军。当然，他也不仅仅是个公民。他被提升为准将和国防部副部长，他是唯一一个敦促法国总理，法国必须在深渊中奋起反击的人。同时，他也是个男人，一个没有打算放弃、也不想让他的国家放弃的男人。

他做到了。

在穿越英吉利海峡并在英格兰登陆后不久，他与丘吉尔会面。第二天，戴高乐得到了一个在英国广播公司发表讲话的机会。他手中没有军队，几乎没有钱，没有计划，也没有权力创建军队，然而从某种意义上而言，他赢了。

人们常说，“只要有勇气，一个人也可敌过千军万马。”戴高乐就是这样。

在那次著名的广播演说中，他说：“我来告诉你们，法国没有遭受任何损失，征服我们所用的手段，总有一天也会为我们带来胜利。因为法国并不孤单！她并不孤单！她不是一个人在战斗！”

然而，法国确实在孤军奋战！

戴高乐广播的目的主要是要号召成千上万从英国撤离的法国士兵做好准备。他召唤士兵们与他一起战斗，为他们的国家战斗。然而，他们中的绝大多数人要求返回家园，到纳粹建立的维希共和国去。戴高乐的导师兼上司菲利普·贝当将军是法国在第一次世界大战中的伟大英雄，他希望用自己的声望与德国人谋求合作，并让这一切合法化。那么战斗的意义何在？有谁能阻止希特勒那势不可挡的进攻？

戴高乐在广播前进行麦克风测试时只说了一个词：法国。他热切地、真诚地、不顾逻辑与事实地信任这个民族。他认为贝当的投降是非法的，虽然这已经没有道理可讲，他坚信法国能够得救——这个信念是他的向导。

但现实非常严峻！戴高乐，以及在无人协助下成功脱险的、勇敢的他的妻子和家人们，还有一些军官（丘吉尔用英国部队接应的那一群人），这几乎就是“自由法国”剩下的全部了……

然而，这足够吗？

“在你所做的每一件重要的事情上，你是不是都是少数派？”作家、抵抗运动领袖安德烈·马尔罗曾经询问在生命尽头的戴高乐。

“我是少数派，我同意，”戴高乐回答，“但是我知道，我很快就不是了。”

拿破仑也许是唯一一位与戴高乐相比毫不逊色的法国英雄，他有句名言：“只要拥有勇气，什么都不会失去。”戴高乐有勇气迎接挑战，他承担起肩上的领导重任，没有陷入绝望，相反，他以野兽般的凶猛选择了一条斗士的道路，一条无人超越的道路。

和现在一样，在20世纪中叶，人们已经对历史伟人这种老旧观念不感兴趣了。一个人真的能改变世界吗？我们真的能有所作为吗？还是我们必须向时代和趋势这些压倒性的力量让步？

戴高乐在战前写道：“人类对一系列事件的干预作用是不可逆转的。责任重大，很少有人能够独自承担。这就是为什么仅有伟大的智慧还是不够的。毫无疑问，智力会有所帮助，本能会推动一个人，但在最后的办法中，决策必有道德因素。”

我们同样不能忽视现实的要素。戴高乐被维希政权缺席审判并被判处死刑。在上一场战争中，他多次受伤（包括被刺刀刺伤），他曾是一名战俘，冒着极大的危险逃跑，他坚持不懈，他无所畏惧。再试想一下他的妻子有多么勇敢，她在船上抢到了一个位置，带着三个年幼的孩子，其中一个还患有唐氏综合征，在敌人疯狂地追捕中，他们安全抵达伦敦。在接下来的几十年里，戴高乐和他的妻子遭遇了30多次严重的暗杀。有一次，他们的车被机关枪扫射，车窗碎裂，所有轮胎都被炸飞了，他的妻子伊冯娜毫发无损地走下车来，平静地询问放在后备厢里的杂货情况如何。戴高乐嘲笑暗杀他们的刺客说："这些人开枪的水平像猪一样。"这个家庭可以掌控恐惧，甚至超越恐惧。

我们知道戴高乐最终取得了胜利，我们会认为法国是团结一致地抵抗其占领者的。遗憾的是，情况并非如此。人们当时很害怕，他们找借口，他们算赔率，告诉自己反抗是没有希望的。如果可以迅速恢复正常生活，他们更愿意接受希特勒的统治，并将自己融入纳粹事业，这很令人震惊，但事实上就是这样。法国劳工为德国的战争机器服务，无数的法国犹太人被杀害。①

正是大众的懦弱创造了英雄。戴高乐在20世纪20年代时写道："当事态变得严峻，危险迫在眉睫时，一种涌动的暗

① 一想到戴高乐心爱的女儿——天生残疾的安妮——留在法国可能会有的遭遇，就会不寒而栗。

流会将品格高尚的人推向前面。”[1]现在对他来说，事情严重且紧迫，就像有可能你也要面对的一样。他准备接受这份挑战，此外，他还向任何愿意加入他的人发出号召。

有些人逃跑了，有些人站了出来，一切就是这么简单。

戴高乐的勇气在一定程度上激发了法国的抵抗运动。它同样含蓄和有意地控诉了缺乏勇气战斗的同胞。希特勒被恐惧所引领，他像恶魔一样，鼓励人们做出最恶劣的事情。这就是让戴高乐如此伟大的原因：他没有做任何承诺，他只是提出要求。他说，抵抗是你的责任，我们被更高的力量所召唤，实现更高的事业。我们必须解放自己。最终，大约有40万法国男女加入了这场抵抗——炸毁桥梁，收集情报，阻挠占领者，从集中营救人，一一击退敌人，在盟军登陆之前削弱他们。

这就是勇气，和恐惧一样，它具有传染性。这正是戴高乐的信念，他那无畏的精神不仅团结了法国人民，整个世界都站在了他身后。正如第一批加入戴高乐事业的法国政治家勒内·普利文[2]在写给他妻子的信中提道：“我向你保证，当一个人看到所有人都在逃跑时，会为自己能够面对危险而感到自豪。”英国的一份报告介绍说：“戴高乐将军象征着不绝望、不屈服的法国，他在独自战斗。”

1944年6月，超过200万盟军在法国登陆。8月，巴黎解放。如同在荒原中度过了漫长的4年，黎明的曙光终于驱散

---

① 正所谓“沧海横流，方显英雄本色”。——译者注

② 勒内·普利文（René Pleven，1901—1993），法国政治家，战时抵抗运动活动家，战后两次任法国总理（1950—1951年和1951—1952年）。——译者注

了黑暗。“巴黎！巴黎受尽凌辱！巴黎四分五裂！巴黎饱经苦难！但是巴黎解放了！”戴高乐在他的胜利演说中说，“法国，在法国军队的帮助下，在整个法国的支持和帮助下，战斗的法国、唯一的法国、真正的法国、永恒的法国，解放了，自己解放了！”

一名在人群中的电台记者不仅记录了当时人们的宣泄，同时也记录了这戏剧性的一刻。战争还没有获胜，敌军仍在视线之外，枪声响起、爆炸声此起彼伏，而戴高乐对此不以为然。

“这是我见过最戏剧性的场景之一，”罗伯特·里德上气不接下气地为 BBC 报道，“到处火光冲天……戴高乐将军试图控制住涌入大教堂的人群。他径直地走过来，在我看来是穿越一片火海……但他直奔前方、毫不犹豫，他猛甩肩膀，沿着中央过道向前走去，即使子弹在他身旁倾泻，也义无反顾。这是我见过的最非凡、最具勇气的情景……他身边都是撞击声和闪光灯，他似乎在享受他生命中的高光时刻。”

之后，戴高乐带着超过 100 万的法国同胞前往香榭丽舍大街开始游行。

他一直孤军奋战，但正如他所预言的那样，这一天他不再孤单。

勇气战胜了邪恶。一个人最终影响了大多数。

尽管如此，我们必须明白，勇气不仅是立场，也不仅是在容易的道路和艰难的道路之间进行的艰难选择①。勇气是你必须行走在那条艰难的道路上。

---

① 正如大力神赫拉克勒斯之选择。——译者注

从法国沦陷后那些绝望的日子开始，这是一段漫长的旅程。当时仅有无线电广播和一个在流亡中建立的政府，戴高乐不得不慢慢地、稳步地重新夺回法兰西帝国偏远地区的政府掌控权。他必须筹集资金、招募将领、智胜政敌、发动一场公关大战。他必须与盟军商量作战策略，当他的意见没有被采纳的时候，他会挥舞着拳头、大喊大叫，引发轩然大波，以至于其他人不得不把他拉回谈判桌。即使他高傲地站立着庆祝解放，他也不得不时刻提防狙击手。

“似乎每个人都忽略了，”戴高乐说，“一个令人难以置信的混合体，包括耐心、缓慢的进展、顽强的创造力，甚至还有诡计和一系列眼花缭乱的计算、谈判、冲突，和我们不得不经历的旅程，最终成就了我们的事业。”

正是这些特质，它们中的每一种都代表着不同形式的勇气，将曾经一败涂地的法国变成了二战结束时的胜利方。法国始终存在，这是戴高乐所坚信的，这是他的勇气所见证的。他愿意成为一个故事，一个确保其祖国长存的故事，他拒绝让其夭折。他如此真诚地谈论法国的伟大，他的话终于成为现实。

戴高乐会常常自以为是吗？他会犯错吗？他是否会树敌呢？他会精神分裂和走向极端吗？是的，绝对会的。他曾把丘吉尔逼“疯”，他曾招致罗斯福的怀疑。后来，作为法国的总统，他令各种各样的人和团体恼火。从联合国到阿尔及利亚冲突的双方；在他发表了备受争议的“自由魁北克万岁”宣言之后，法加关系陷入紧张。被他“折磨”的还有一代又一代的美国总统，杜鲁门、艾森豪威尔、肯尼迪、约翰逊。毫无疑问，戴高乐很难共事，难以掌控，也无法被恐吓。你现在知道为什么这么多人想杀他了吧！但这份特立独行，这种无所畏惧，正是他的伟大之处——这也是所有伟大特质中的关键要素。

“他们也许认为我不是一个容易相处的人，”戴高乐说，和塞尔皮科一样，他对这样的批评不以为然，“但如果我很随和，那我今天就会在贝当的总参谋部工作。”有这样一种人，他们我行我素，他们绝不服输，坚信自己的能动性，敢于冒着死亡或分崩离析的危险坚持自主，这种人不容易被击败，不会被权威左右，不会被迫妥协。

当然，戴高乐在与德国抗争时并不孤单，不仅是因为他拥有盟友，实际上他并非始终信任英国和美国这样的盟友，而是因为没有一个行为勇敢的人是永远孤独的。

“我不属于任何人，”他说，“但我又属于每个人。”戴高乐相信，他在一个伟大的故事、一个伟大的传统中扮演着一个角色。与他的战友们一起，他只是法国漫长故事中的又一位参演者。他告诉“自由法国”[①]：“追随那些自法国历史之初就为法国服务的人，追随那些为法国终身奉献的人，总有一天我们会像夏尔·贝玑[②]那样轻松地对祖国说：‘母亲，看看你的儿

---

①“自由法国”是1940年6月戴高乐在英国所建立的临时政权。在法国向纳粹德国投降时，戴高乐逃亡至英国，于6月18日通过英国广播公司发表《六一八宣言》的演说，号召法国人不要放弃希望，“法国抵抗的火焰不能熄灭，也绝不会熄灭”标志了“自由法国”运动的开始。——译者注

②夏尔·贝玑（Charles Péguy，1873—1914），法国著名诗人、散文家。他的两个主要哲学是社会主义和民族主义。——译者注

子们，他们在为你而战。’”

他踏上了英雄之旅。他接受了他的祖先曾接受的同样的召唤。你也会有这样的机会，如果你不惧怕，如果你能把握住自己的命运。

丘吉尔称戴高乐为“命运之人”。当我们听从自己的命运时，当我们抓住本应属于我们的机会时，我们永远不会孤单。我们与大力神赫拉克勒斯并肩而行；我们正在追随伟人的脚步；我们被上帝、众神和神灵引领着，同样被引领的还有戴高乐、拿破仑、圣女贞德、查理曼大帝以及历史上所有其他的伟人。

勇气可能要求我们独自战斗，独自对抗难以置信的逆境，甚至感觉全世界都在与我们对抗。

但我们并不害怕，当我们采取这种立场时，我们实际上并不孤单。

因为在我们身后，就像戴高乐一样，有一个伟大的国家。

而且我们必须了解，如果我们奋斗拼搏并且坚持得住，我们会发现所有人都与我们同在。

The World Wants to Know

世界想知道

1937年，瓦拉姆·沙拉莫夫[①]被判处在苏联古拉格[②]服多年苦役。

他到底犯了什么罪？

同样的罪名，让很多人被投入那冰冷的“地狱”：只是因为他们站在了极权政府的对立面，因为不可预料的厄运，因为他们竟然敢批评当权者，因为他们不够主流，还因为他们不认罪，尽管认罪也几乎不可能获得宽恕。

身处人类最黑暗的境地，他察觉到了什么呢？他获取了大量关于人类状况的资料。“我发现世界不应该区分好人和坏人，而应该分为懦夫和非懦夫，”他写道，“百分之九十五的懦夫会在最轻微的威胁下就做出最卑鄙、最致命的

① 瓦拉姆·沙拉莫夫（Varlam Shalamov，1907—1982），俄罗斯作家、新闻工作者、诗人和古拉格幸存者。从1937—1951年，他大部分时间都被关在极北地区的强迫劳动营地中。——译者注

② 古拉格（Gulag）是俄语“矫正劳改营管理总局”的缩写，也是苏联劳改营及所有形式的政治迫害的代名词。——译者注

事情。”

当我们问及勇气时，就已经大错特错了。

这不是我们应该问的问题。

这应该是我们被问到的问题。在科马克·麦卡锡①的暗黑而精彩的小说《天下骏马》(*All The Pretty Horses*)中，在一座与沙拉莫夫实际居住的监狱不同的监狱里，埃米利奥·佩雷斯向约翰·格雷迪提出了这样的问题：

“全世界都想知道你是否有胆量，你是否够勇敢？”

整个世界都在询问你的勇气，每时每刻。你的敌人在问，阻挡你的人也在问。

因为我们想要知道，你是懦夫吗？你是我们可以信赖的人吗？你具备那些能力吗？

塞涅卡会说，他其实很同情那些从未经历过不幸的人。“你在没有对手的情况下度过了一生，”他说，“没有人能知道你的能力，甚至你自己也不知道。”

这就是为什么这个问题如此重要。世界想知道你是哪类人，所以让你直面困境。这些不是麻烦，甚至不是坏事，它们是机会，你需要回答的是：我够有胆量吗？我有骨气吗？

---

① 科马克·麦卡锡（Cormac McCarthy），美国小说家和剧作家。代表作有《血色子午线》《边境三部曲》《老无所依》《长路》《上帝之子》等。《血色子午线》开启了麦卡锡创作的转折点，在《纽约时报》评选的“过去25年美国最佳小说”中名列第三。《边境三部曲》引起图书界轰动，荣膺美国国家图书奖和国家书评奖。《老无所依》被改编为同名电影，力夺奥斯卡最佳影片等四项重量级奖项。《长路》荣获2007年普利策最佳小说奖，据其改编的电影《末日危途》引起极大轰动。这些均奠定了麦卡锡的大师地位，令其由此获誉“当代最伟大的美国作家之一”“海明威与福克纳唯一的继承者”。——译者注

我勇敢吗？我要直面问题还是选择逃避？我会挺身而出还是转身离开？

你要用行动而不是用言语来回答这个问题。不是私底下，而是当众回答。

If Not You, Then Who?

如果不是你，那会是谁？

几千年来，人类发现自己一直被迫自问一个著名的问题，改编自拉比希勒尔①：

“如果不是我，那会是谁？如果不是现在，那会是什么时候？”

或者正如约翰·刘易斯②所说：

“如果不是我们，那么会是谁？”

因为有些事确实要完成。在南北战争中生死存亡的时刻，乌里塞斯·辛普森·格兰特对彼得斯堡市进行了长达数月的围攻，这是拿下南方邦联首府里士满前最后唯一的障碍，他说：

① 希勒尔（Hillel，约前70—10），犹太教公会领袖、拉比。——译者注

② 约翰·刘易斯（John Lewis，1940—2020），美国的政治人物和民权领袖。——译者注

“任务重大，必须有人来完成它。”他们花了将近九个月的时间对抗固执又绝望的敌人，但是格兰特不会被吓倒。他不会动摇，不会心烦意乱，更不会把责任推给别人，也不会妄想还有什么讨巧的方案。

他没有退缩。他坚守在那里，掘壕固守，坐镇指挥。在攻占彼得斯堡的过程中，在最紧要的关头，他做了许多其他将军做不到的事。几周后，南方军最终投降。这是一项艰巨的任务，面对它时他没有选择逃避，巨大的战争灾难终于结束了。

1841年，奥利弗·温德尔·霍姆斯[①]出生在一个有钱有势的家庭。他本可以雇人代替他参加南北战争。然而，他应征入伍并在葛底斯堡战役中差点丧命。后来，他在完成法学院的学习并在待遇优厚的私人律所实习后，又在哈佛找到了一份轻松的工作。这次，他本可以如此度过余生，安全地沉浸在思想世界令人愉悦的茧房中。相反，他放弃了这份工作，去担任了州法官，这使得他付出了巨大的金钱和人际关系代价，因为他觉得律师更应该去制定法律的地方。后来，他进入了美国联邦最高法院，在那里孜孜不倦地服务到了九十岁，创下了纪录。

“我认为，既然生活就是行动和激情，”霍姆斯写道，“一个人必须分享他那个时代的激情和行动，否则就是没有真正地活过。”

---

① 奥利弗·温德尔·霍姆斯（Oliver Wendell Holmes, Jr.，1841—1935），美国著名法学家，曾任美国联邦最高法院大法官。出版有《普通法》等。——译者注

“我是谁，竟能去见法老？”当摩西被命运召唤的时候，他的答案和你的一样：合适的人做合适的工作。

我们每个人都是独一无二的，格兰特、霍姆斯、南丁格尔和戴高乐统统都是。我们每个人都有自己的技能、经验和见解。我们每个人都会收到命运的召唤。如果我们没有响应，那么在这个世界上我们就被剥夺了某样东西。缺乏勇气的后果不仅会影响自己，还会波及其他人的生活。

如果你不收养那个孩子，谁能？如果你不开展这项业务，谁能？如果今天你不说出那三个神奇词语（我爱你），那你什么时候会说呢？

可能没有人，也许永远都不会有。如果不是你，而是其他人这样做了，结果会有很大的不同。这当然没那么好，因为这不是你带给这个世界的。

相信自己能够有所作为是第一步，接下来就是相信你可以成为那个人。

Preparation Makes You Brave

有所准备让你变得勇敢

其他人天生就比你勇敢吗？还只是因为他们准备得充分？

打开美国陆军高层在第二次世界大战中发放给数百万士兵的《军队生活手册》(*Army Life Handbook*)，上面写道："技能会对你有所帮助，与你现在可以为自己做的任何其他事情相比，它会给你更大的精神安慰。知道你在军队中的位置和角色，你会有更大的个人满足感。如果你愿意，请自私一点；掌握你工作的技能，因为工作中游刃有余会让你感觉更好。了解你的职责和义务、你的权利和机会，总有一天你会对军队更有价值。从长远来看，这也会给你带来个人满足感。"

虽然恐惧可以被疏解，但取代它效果会更好。用什么取代呢？要用你的竞争力、你的训练、你执行的任务，还有你需要完成的工作。

公元前321年，罗马军队被困在卡夫丁峡谷，厄运也接踵而至。一边是被砍伐的树木掺杂着岩石堵住了狭窄的道路，另一边是埋伏在高处的全副武装的敌人，部队被围困得毫无希望。四面八方都是不可逾越的障碍，他们深陷敌人的包围圈。他们被吓蒙了，每个人都看向旁边的人，想知道他是否知道该怎么办。将领们也都不知所措。怎么会这样？还能做些什么？他们怎么能逃出生天？

这时候有一名士兵，无名无姓，在历史上没有记载，迈出了建立防御工事的第一步。没有人发号施令，其他人本能地紧随其后。虽然考虑到他们所处的绝望境地，建立防御工事似乎完全没有意义，但做点什么总比什么都不做强。于是，他们有素地开始了训练，他们在行动中找到了安慰和力量。

这是精神上的安慰，打发了他们的时间。这也是他们的工作。敌人看着他们诡异的行为，开始谩骂、嘲讽。罗马人也嘲笑自己的徒劳无功，但他们并没有停下来。实际上，罗马人在加固阵地的同时也鼓舞了自己。混乱的状态很快缓解，士兵们变得意志坚定。敌人最终没有冒险攻击这样纪律严明的对手，很快就与他们达成了协议。

训练不仅仅是运动员和士兵要做的事情，这也是在任何情况下克服恐惧的关键。我们没有预料到的、没有实践过的，将比我们有优势；而我们有所准备的、有所期待的，我们就能够应对。正如爱比克泰德所说，当我们经历逆境时，我们的目标总是能够说："我们曾经为此训练，这是我们的专长。"

如果你不想在面对困难时退缩，塞涅卡在同一时期也曾经说过：提前演练，有备无患。

这是我们熟悉的东西，我们可以掌控。经验和良好的训练可以减轻恐惧感，而恐惧导致内心厌恶，厌恶造成懦弱。不断地重复会增强信心，信心能够带来勇气。

必须面对的恶霸，严峻的新闻发布会，冒险的赌注，坚持正义而不被理解，四面受敌……这些都是我们曾经的训练发挥作用的时候。如果不这样做，恐惧就会出现，怀疑会随之而来，我们就会陷入困境，自顾自地选择本能告诉我们的容易的道路。

借用阿伦·艾弗森①的一句名言：我们在谈论练习？是的，我们在谈论练习，因为这是最重要的。通过练习，你可以在脑海中演练这一系列动作。你建立了在这种情况或那种情况下做事的肌肉记忆。你知道如何强化并在此过程中不断强化它。你不断地彩排，弹奏你的音阶。有人故意问你一些刁钻的问题，这种不适感反而让你感到轻松。你用配速跑进行刻意的间歇训练，提升你的乳酸阈值。这或许是你很熟悉的情景，戴着眼罩组装你的步枪，穿着负重背心锻炼。你训练了成千上万次，那么在没有压力的情况下再来上千次，这样在有压力的时候，你就明确地知道自己该做什么了。

技能训练，它是让你变得勇敢的准备工作。

---

① 阿伦 · 艾弗森（Allen Iverson），昵称“答案”（The Answer），美国职业篮球传奇球星及饶舌歌手。——译者注

Just Start Somewhere.
Just Do Something.

从某处开始，做点什么

丹尼尔·埃尔斯伯格[1]的举报之旅是从参加和平会议开始的。他问了几个问题后，决定将文件带回家仔细研究。

事情并不是从泄露五角大楼的文件开始的，它并没有那么戏剧化。这是法国人常说的一系列小行动，即从最初的一小步，积少成多，逐渐展现出来。

当我们在面对重大问题感到害怕、绝望的时候，我们最好考虑一下这个逻辑。

我们不需要领导一场盛大的冲锋。

抛开那些视死如归的姿态。

有时，从小处着眼是最好的开始。

这适用于埃尔斯伯格，他正在为一个不容忍任何异议的政府工作，在工作中不允许提棘手和令人不快的问题。将文件

---

① 丹尼尔·埃尔斯伯格（Daniel Ellsberg），前美国军方分析师，受雇于兰德公司，因 1971 年向媒体提供五角大楼机密文件为世人所知。——译者注

泄露给《纽约时报》也不是他一开始的想法，这个行动的逐渐升级是因为他一贯的努力一点点将他引向了这个方向。

弗洛伦斯·南丁格尔说：“永远不要错过一个能够付诸实践的机会，无论多么微小，马上开始行动。因为在这种情形下，芥菜种子会发芽并自己生根，这真是太好了。”所以她去了一家医院，在那里工作了一个夏天，这让她有信心将毕生奉献给这项工作。当她向家人宣布，她的护理实验会有一个终止日期时，说服家人不去阻止她变得容易很多，说服自己也更容易了。

托马斯·爱迪生不同意这个观点。他说生命太短暂，不能从小事开始。他总是想解决难题，做雄心勃勃的项目。幸运偏爱有胆识的人，是这样吗？

综合这些想法，也许我们确实可以从小事开始行动，但要从宏观开始思考。

从小处着手……从大处着眼。

解决一个问题，做细微的改变，写一句话，寄一封信，点一个火花。

我们可以想清楚接下来会发生什么。

你的头灯仅仅照亮前方几英尺[①]的黑暗道路，但这足以让你不断前行并取得持续的进步。

这不就是我们解决大问题的方法吗？将它们分解掉；着眼于眼前的问题；理想情况下，在它变得更难或陷入其他问题之前尽早开始（就像老话所说“河流在源头更容易涉水”）；

① 一英尺约等于 0.305 米。——译者注

建立关键节点，当你把问题从清单上逐一划掉的时候，信心也会随之增加。最重要的是，这难道不是训练给你的帮助吗？告诉你开始要做的第一件小事是什么——这就是此时此刻你恰好要做的工作。

你不会总是成功，但话又说回来，不管怎样，这并不全是关于你。有人可以从你离开的地方继续。你所要做的就是让事情开始，你所要做的就是尽你所能完成接力赛中你的那一棒。全力以赴，做你能做的，现在就去做。仅此而已。

无处逃避，你必须采取行动。不过，你会惊讶于一点点微小的改变带来的巨大的变化。

亚伯拉罕·林肯提醒我们："领导一个团而有所作为的人，将使领导一百个团而碌碌无为的人黯然失色。"最好是赢得一场小规模的战斗，而不是用拖延来等待未来一场更大、更完美的战斗。①

斗争还在继续，我们需要全力以赴，发挥我们应该发挥的作用。

让我们开始吧，做我们能做的，从我们所在的地方，用我们所拥有的，不断累积，让改变发生！

---

① 出于这个原因，林肯解雇了乔治·麦克莱伦将军（George B. McClellan），并让格兰特取代了他。"他能打"，林肯说。

Go!

出发！

查尔斯·奥古斯都·林德伯格[①]不必出发的理由实在是太多了，例如：

从来没有人成功地不间断地飞跃过大西洋；他自己之前也从未做过水上飞行；他甚至没有执行过真正的长途飞行；如果没有强顺风情况下的安全网和地标导航能力，他从未飞行超过 500 英里；他甚至都没有这个飞行所需的连续 55 个小时的飞行经历。

然后他的对手在一次试飞中飞机坠毁，4 名机组人员中 3 人重伤。几周后，又有 2 名试图从巴黎穿越到纽约的飞行员在飞行途中失踪，再也没有音讯。

他难道应该这样做吗？独自一人跨越 3 600 英里的开阔、毫无特色的水域？在这架载重非常不稳定的飞机上，他甚至买不起额外 20 英镑的降落伞。这世界无疑是对他要求过高，超

① 查尔斯·奥古斯都·林德伯格（Charles Augustus Lindbergh，1902—1974），又译林白，瑞典裔美国飞行员。1924 年加入美国陆军航空兵。——译者注

过他对自己的要求。

1927年5月19日，林德伯格抵达长岛的罗斯福菲尔德，没有任何竞争对手出现。天气出现了短暂的好转。他加满了油箱。前一天晚上他难以入睡，早上，还有很多后勤问题要解决。关于风向大家一直争论不休。他迟到了。所有的反对意见和困难都涌上心头。机库和停机坪上的人们眼中充满疑惑，这一幕他们已经目睹过无数次了。

他爬进了柳条座椅，戴上护目镜，启动了引擎。几分钟后，他开始向命运之神滑行。他有些犹豫，把一切又重新想了一遍。之后，他抛下一切，开始加速。早上7点52分的时候，距离跑道终点还剩下20英尺，飞机轮子离开了地面。用不到一天半的时间，他就着陆在了法国的土地上。

你如何克服所有的恐惧？如何忽略不让你去做你打算做的事情的各种理由？

用杰出的海豹突击队队员乔科·威林克①的话来说，为了克服恐惧，出发。

只管去做，跳入黑暗，这是你唯一的方法。

因为如果你不这样做，会发生什么？失败、后悔、耻辱，错失一个机会，丧失前进的希望。

“在这种情况下，”戴高乐曾经向他政府中一些沉默寡言的成员解释说，“一个人要么前进，要么等死。我选择了前

① 乔科·威林克（Jocko Willink），美国作家、播客和退役的美国海军军官，曾在海豹突击队服役，隶属于海豹突击队第3队，曾参加伊拉克战争。——译者注

进；这并不排除也有死亡的可能性。”他就这样出发了，他的妻子也跟随他，就在法国正在衰落的时候，他们没有手提箱，没有降落伞，也没有备用计划。就这样，他勇敢地前进了数十次，无论是在阿尔及利亚的危机中，还是在 1968 年的抗议运动中，都是如此。

骰子已被掷下。①

忘掉障碍，让我们继续前进吧！②

这一切有风险吗？ 当然，担心并不是没有道理的。但是，如果你什么都不做，甚至不尝试，就没有成功的机会。没有人能保证你可以安全度过余生，没有什么能够消除失败或死亡的可能性。

但是，如果你不去尝试呢？好吧，你也必然会失败，并遭受另一种死亡。

这时候，你就会希望你此前做了些什么。我们总是这样。

这就意味着，现在，你需要出发了。

---

① Alea iacta est，是恺撒的名言，意为“骰子已被掷下”。公元前 49 年 1 月 10 日，在反复权衡之后，恺撒带兵渡过了卢比孔河，对庞培和元老院宣战。在渡河前，恺撒说出了这句话。——译者注

② 在南北战争中，水雷被称为“鱼雷”。Damn the torpedoes 并不是一些人认为的“拿起你的武器”，而是“忘掉障碍，让我们继续前进吧！”

Speak Truth to Power

对权力说真话

尤利乌斯·恺撒命令德西姆斯·拉贝里乌斯[①]为他表演。

对某些人来说，这是一种荣誉。对其他人来说，这是一种轻微的侮辱。

而德西姆斯不是个谄媚者，他树立了一种“道德义务”。

反抗的道德义务。

恺撒就在那里，坐在观众席上，德西姆斯在所有人的注视下慷慨陈词，嘲笑恺撒的暴政，并预言他会痛苦不堪地死去。更令人印象深刻的是，他表现得如此出色，如此巧妙，如此大胆，以至于恺撒无法为此惩罚他。

希腊语里用来形容这种勇气的词汇是 parrhesia（直言），就是对权力说真话，拒绝接受谎言或玩弄机诈。苏格拉底是典型的直言者，他敢于直面其他人害怕的人，并说出别人不敢说

① 德西姆斯·拉贝里乌斯（Decimus Laberius，前 105—前 43），古罗马剧作家之一，同时也是一位骑士。他所创作的喜剧作品在当时的古罗马具有一定的影响力。——译者注

的话。套用一位古代历史学家的话说：没有人可以让苏格拉底做、说或思考任何与他的品格不兼容的事情。

我们很钦佩这一点，可从某种程度来说这很奇怪，这难道不应该是常态吗？这不就是我们作为人的基本责任吗？

知道真相而不说真话……这是背叛真相。

你可以通过保持沉默来逃避内疚，但这不是借口。可能没有人想听到真相，他们很可能会害怕听到它，但你不能因为害怕而不说出来。

1934 年，德国牧师、神学家迪特里希·朋霍费尔①在一次关于童话故事《皇帝的新装》的活动中迟到了。看着他的基督徒同胞开始自欺欺人地谈论希特勒，听着希特勒说出令人发指的谎言，这个故事重重地击中了他。他在给兄弟的信中写道："我们今天所缺少的，就是最后说出真相的那个孩子。"

如果那个故事里的男孩可以出自本能地、理所当然地挑战国王，那你有什么借口不呢？

当然，你有成千上万的理由：这会损害你的工作；人们会不喜欢你；这样做也不会产生太大的改变；它有可能让你功亏一篑；压根没有人愿意听；你不想被憎恨。

好吧。

你看，被吓倒是一回事。贬低自己是另一回事。

这就是戴高乐对希特勒的认识。他的力量完全依赖于

---

① 迪特里希·朋霍费尔（Dietrich Bonhoeffer，1906—1945），德国信义宗牧师，认信教会的创始人之一，神学家。曾经参加德国反对纳粹主义的抵抗运动，并计划刺杀希特勒。——译者注

“其他人的懦弱”。没有人愿意称这个恶霸为恶霸。德国没有人愿意看到没穿衣服的皇帝实际上是一个狂妄自大、杀气腾腾的疯子。他们肯定也不愿意这么说。他们除了说希特勒想听的话，没有人说什么，也没有人做什么。所以，他们都是同谋。

尽管如此，必须说明的是，讲真话并不意味着要待人粗鲁。苏格拉底试图帮助人们找到什么是重要的东西。他的本意不是冒犯，只是教导。但是他确实得罪了一些人，确实树了一些敌。但这并没有阻碍他追求智慧，也没有让他失去责任感。

如果没有这种性格的人存在，社会就无法运转。不是每个人都能那么严肃地看着恺撒的眼睛，并告诉他其他人对他的看法。大卫·查普尔①取笑我们的虚伪和荒谬。纳西姆·塔勒布②戳穿了我们的自命不凡和确定性。第欧根尼③质疑我们最基本的假设。

我们需要人们挑战现状。我们需要艺术家探索个人问题，并能公开地批评。我们需要政客能从诚实着眼，同时需要专家顾问能够仗义执言。我们需要民众对大肆宣传、辩解或掩盖事实的行为零容忍。各个阶层都有人愿意站出来说：“这是不对的，我不会参与其中。”

我们需要你也这么说。

---

① 大卫·查普尔 (Dave Chappelle)，演员、制作人、编剧。——译者注

② 纳西姆·塔勒布（Nassim Taleb），安皮里卡资本公司的创办人，也是纽约大学库朗数学研究所的研究员。他的著作《黑天鹅》在《星期日泰晤士报》的评论中被描述为二战以来最具影响力的十二本书之一。——译者注

③ 第欧根尼（Diogenēs，约前 404—约前 323），古希腊哲学家，犬儒学派的代表人物。生于锡诺帕（现属土耳其），卒于科林斯。——译者注

Be the Decider

做决定

在后来成为国务卿的迪恩·艾奇逊的记忆中，乔治·马歇尔将军领导力非凡。外交官和领导人永远都在争论，做什么、谁错了、要说些什么，甚至午餐要吃什么。

马歇尔毫无悬念地打断了他们，命令道："先生们，不要再争吵了！做决定吧！"

虽然恐惧让你想做到深思熟虑，但勇气知道这样行不通。

艾奇逊意识到，在老天赋予我们的礼物中，决断力是最稀有的。为了在生活中、外交政策和纷繁复杂的世界中取得成功，领导者必须果断明确地做出决定，没有含糊其词，没有动摇。

马歇尔具备决断力，杜鲁门也是。这就是为什么他们能将战后的欧洲从饥饿和破产中拯救出来，并协助柏林摆脱苏联的封锁。他们愿意挺身而出并做出选择。

"您作为总统的工作就是做决定，"艾奇逊写道，"请杜鲁门先生决定。"

在总统任期的前三十天，杜鲁门需要为以下事宜做出决定：

- 苏联干涉波兰事务
- 联合国的第一次会议
- 第一批铀的运输
- 苏联对日参战

在之后的几周和几个月时间里，他还将决定是否投下原子弹，是否通过马歇尔计划拯救欧洲，是否执行遏制苏联侵略的决策，是否继续进行柏林空运……事情一件又一件。

考虑到利害关系和专家间缺乏共识，你可能会认为这些是痛苦的、艰难的决定。确实是。

但这只是其中的一部分。杜鲁门和马歇尔都知道他们会受到批评。他们知道每一个决定都是有风险的。他们知道这一切将由他们承担，他们的名字将出现在决议书上，字面上就是“杜鲁门主义”或“马歇尔计划”。

然而，他们不仅决定了，而且决定专注在这世上最恐怖的事情上：坚持自己的决定。

手术室里的医生不能耽搁时间，他们必须迅速做出决定，必须付诸行动并勇于直面生死攸关的状况。拳击手、交易员、表演者、公司转型中的首席执行官——每个人都处在同样的困境中。这些职业都有一种“野蛮性”，后果也十分不具有确定性。有时需要当头一棒，需要下狠心裁员，也需要开支票赔偿。这些“野蛮”行为最可怕的一点在于，不会有人因为胆怯和拖延而获益，尤其是那些被危及的弱势群体。

我们声称争论是为了做出正确的决定，我们需要得到更多的信息。事实上，我们正在试图拖延。我们不想离开当下的舒适圈，我们也不想承担后果。

我们一直在讨论辞职，是否进行这项或那项投资，是否公开我们所知，是否要让某人离开……我们一次又一次地推迟，真正的症结在于我们无休止地思考各种假设或者其他让我们分心的干扰。

德西姆斯大步走下舞台，勇敢地与恺撒对质，还当面嘲笑西塞罗，称他为脚踏两只船的人，因为西塞罗在内战中未能选择任何一方。很快，西塞罗的敌人为他做出了选择。

有一个很好的表达方式：即使你什么都没有改变，你也是在选择。事后，你会希望你当时做了点什么。无论是离开一段受虐待的关系还是创办一家公司，不要争论，而是做出决定，现在。

你花在辩论上的这些宝贵时间本可以让你远离飓风。你花在说话和犹豫不决上的时间本可以用来减轻后续影响。解决难题的最佳时机已经过去，第二个最佳时间就是现在。

1948年，当苏联在捷克斯洛伐克镇压时，杜鲁门在写给他女儿的信中说："事情看起来非常糟糕，必须要做决定，我将要做出决定。"

你不能通过辩论来解决问题，你只能决定要做什么，然后去做。当然，不是为了决定而决定，而是现在就做出正确的决定。如果你的决定碰巧做错了，或者你犯了一个错误，那么就果断明确地再次做出决定。

It's Good to Be "Difficult"

"别扭"是好事

经过几轮面试后，当玛格丽特·撒切尔坐在面试官对面时，这位化学研究员几乎看不出对方在纸上方写了什么评价。她尽其所能地颠倒阅读，看到了他们对她的看法：

"这个年轻女人的个性太强了，不适合在这里工作。"

对此可以有两种解读：指责或者高度赞扬。

懦夫选择听信前者。自信的人可以礼貌地忽略这种批评。克服它需要勇气，不能让它或他们改变你。

那应该怎样？

记住他们对塞尔皮科的评价。

还有他们对戴高乐的评价。

他们对南丁格尔说了什么。

"很难相处。"

他们当然很难相处。很少有乖巧的人能创造历史。如果这些男人和女人更温和一点，更愿意扮演别人为他们设计的角色，如果他们更在意别人的想法，如果他们更容易被威慑，他们就不会有最初独立的立场。

虽然权威认为这些人难以相处，但历史已经赋予了他们新的名字：偶像 / 权威破坏者（iconoclast）。

我们当中的一些人害怕与众不同，大多数人都害怕不能合群，被人讨厌。但是，这些特征中恰有自由的特质。自由地、积极地、坚持不懈地为我们的信仰战斗，坚持高标准、不妥协，不接受“木已成舟”的事实。

这样做需要勇气，尤其是在一个“各扫门前雪”的世界里，每个人都躲在自己的小屋里，不想出格，不想让任何人问“为什么”。

奥古斯特·兰德梅瑟在一艘新的德国海军舰艇的揭幕仪式上拒绝按规定行纳粹礼时，他并没有想到这在历史上意味着什么。他只知道他没有遵守那些违反他信念的规则或惯例。这也是他在 1935 年违反法律与一名犹太妇女结婚的原因。他不知道有人拍了他的照片，他不知道自己会作为拒绝暴政的、孤独德国人的象征而被载入史册——这个孤勇者挺身而出顶住了暴民的压力。

他没有妥协，没有随波逐流，这让他付出了全部，但他别无选择。

他们会试图惩罚你。这就是为什么你必须日复一日进行反抗。你必须好斗，你必须下定决心，你必须有信心。不，事情不是这样发展的。不，你的提议并不是“对每个人都最好”。不，我不会闭嘴。不，这还远远没有结束。不，我不会

“让自己低调”。

他们会说你疯了，因为勇气是需要疯狂的。我们要接受这点，无论如何都要忠于自己。我们不能只是坚持做好自己，我们还需要坚持到底。

尽管付出了代价，尽管有阻力，尽管感到恐惧，尽管这并不容易，但是这非常值得。

“难相处”的人，大都知道约翰·刘易斯1961年在密西西比州拍的入狱大头照（mugshot）中的“坏笑”。这是制造麻烦的乐趣，是站在正确一方的乐趣，也是打破常规的乐趣，希望最终正义战胜邪恶的乐趣。

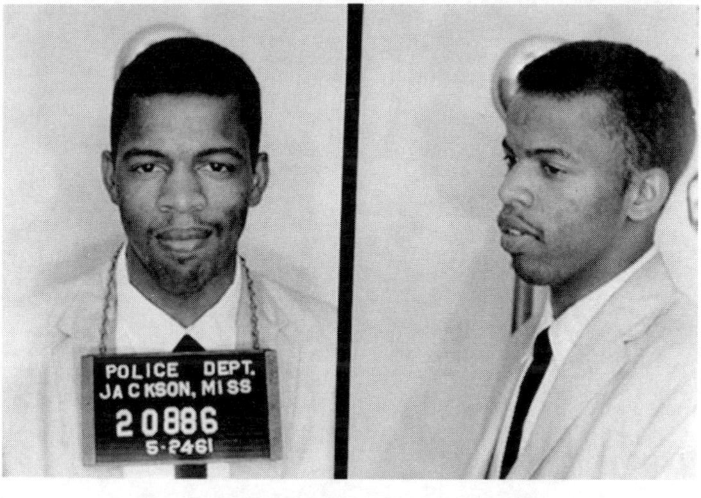

1961年，约翰·刘易斯因为使用白人专用厕所而
被警察逮捕时带着“坏笑”的大头照

玛格丽特·撒切尔也很难相处，可能很难在那个被人遗

忘的化工厂找到工作。但正是因为她的固执和强势，在与反对者的不断冲突中变得更加坚强，最终使得她有能力带领英国度过当代历史中最艰难的时刻。她不会因为稀泥和得好而成为英国第一位女首相的。

她是铁娘子。就像塞尔皮科、戴高乐、刘易斯和南丁格尔一样，她不可能是其他人。他们接受召唤并坚持自我，他们有勇气坚持到底。

Just a Few Seconds of Courage

只需要片刻的勇气

1960年10月19日，马丁·路德·金[①]因试图在亚特兰大里奇百货公司的一家餐馆吃饭而被捕。南方当局趁着他们的敌人被拘押，试图趁机瓦解金。他们以莫须有的罪名关押他，拒绝保释，并将他送往了里兹维尔的州立监狱，在那里他被判处四个月监禁并戴着镣铐。科雷塔·斯科特·金怀着他们的第三个孩子，她担心金可能会被殴打或处以私刑，于是满怀忧虑地打电话给尼克松和肯尼迪的竞选团队。那是美国历史上选举最为焦灼的时刻，双方都迫切需要黑人选票。

巧合的是，尼克松不仅是金的朋友，还亲自监督了艾森豪威尔政府的民权工作。他的顾问们敦促他采取行动，但尼克松犹豫了，与半个世纪前西奥多·罗斯福一样，脑海中闪过了相同的考虑。他不想失去南方。他不想卷入一场争议之中。他担心这看起来像是在哗众取宠。所以他在这一刻背叛了金，这

---

① 马丁·路德·金（Martin Luther King，1929—1968），非裔美国人，出生于美国佐治亚州亚特兰大，美国牧师、社会活动家、黑人民权运动领袖。——译者注

让肯尼迪有机可乘，肯尼迪给佐治亚州州长打了电话，还在机场打电话安慰科雷塔。与此同时，他的兄弟罗伯特·肯尼迪打电话给亚拉巴马州的法官，并迫使他释放金。

金马上就了解到了在他有需要时谁会在他身边，他还曾计划投票给尼克松。“我认识尼克松很长时间了，”他回忆道，“他经常打电话给我，询问我的建议。然而，在关键时刻他就像从未听说过我一样。所以我真的认为他是一个道德上的懦夫，一个不愿意勇敢地迈出这一步、不愿意承担风险的人。”

两周后，肯尼迪赢得了选举，以不到0.5个百分点的优势——只是两个关键州的35 000张关键选票。两个电话使他赢得了总统职位。仅仅片刻——与被错误监禁的好人的妻子交谈的片刻怯懦，让尼克松与总统办公室失之交臂。

不管你是谁，你的经验是什么，片刻决定成败，有时甚至都不到片刻。你是怎么做的？你害怕了吗？

仅需要几秒钟，你就可以：

……点击电子邮件的发送键

……说出第一句话

……动动手臂做志愿者

……迈出冲向碉堡的第一步

……将你的投票从“是”改为“否”或从“否”改为“是”

……像肯尼迪那样拿起电话，甚至不是为了挽救金的生命，而是为了安慰他的妻子一旦开始行动，其他的一切就会自然而然地发生。履行你的职责，一步一个脚印稳步向前。从大学里辍学投身新的职业。提交离婚文件并开始重建你的生活。走进美国证券交易委员会的办公室进行投诉。你会因为太忙而没时间害怕。一切将开始有利于你，不再阻挡你。

卡梅隆·克罗和马特·达蒙为电影《我家买了动物园》编写的剧本中有一段很棒的台词，取材于一位英国作家的真实故事。马特·达蒙饰演的角色对他年幼的儿子说："你知道吗？有时你需要的只是20秒的疯狂勇气，仅仅20秒的令人尴尬的勇敢。我向你保证，伟大的事情将会因此发生。"

我们真的能做出这样的承诺吗？不，生活不是电影，结果是不确定的。你可能不会成功，但你必须要去尝试。如果没有采取行动，结果就是确定的。那几秒钟就像耻辱的"红字"[①]一样始终跟随着我们。"我害怕"不再是一个站得住脚的借口。

当我们惊叹于人们的勇气或被它吓到的时候，我们常常会忽略一个事实，它通常不是一个计划好的大事儿，它始于一个简单的决定，是从一个瞬时的信仰飞跃开始的。"他并不知道这在政治上是正确的"，金反思肯尼迪的决定。对金来说也是如此，他不知道他第一次在蒙哥马利抵制公共汽车的事件将影响他的余生，并影响了整个世界。

---

①《红字》（*Scarlet Letter*），美国作家霍桑的小说，讲述了发生在北美殖民时期的悲剧爱情故事。女主人公海斯特·白兰嫁给了医生罗杰·奇林沃思，他们之间却没有爱情。孤独中的白兰与牧师丁梅斯代尔相恋并生下女儿珠儿。白兰被戴上标志"通奸"的红色A字（Adultery）示众。"红字"的寓意就是耻辱的标签。

勇气是在当下定义的，也许就在弹指之间，在我们决定挺身而出或抽身而退的片刻，在奋身跃起或拂衣而退的片刻。

作为普通的个体，我们不够勇敢，然而，作为特殊情况下的集体，我们却非常勇敢。

片刻，只需要片刻令人为难的勇敢，我们就可以变得卓越。

而这就足够了。

Make It a Habit

成为一种习惯

1920年，哈里·伯恩斯是田纳西州的一名普通政治家。他没有大胆的立场，也没有出格的投票记录。他不是信仰的战士，甚至远不是政治明星。他年仅25岁，在州众议院刚任职两年。

“我的立场永远不会与你相左”，他向他的上司们保证，这些人坚决反对赋予女性选举权的第十九修正案。他们选择相信他，而他信守承诺，两次投票均反对讨论修正案。他甚至在翻领上佩戴一朵红玫瑰，这是所谓的反女权主义者用来宣扬他们立场的象征。

然而，在1920年8月18日，他投下了“赞成”票，这不仅促成田纳西州批准了修正案，而且瞬间引发了全国范围内的通过，使得2 000万妇女得到了投票权。你可以想象这份惊喜，就像我们可以想象到他的恐惧一样。哈里作为“妈宝男”——完全支持他的寡居母亲；暴民以暴力相威胁；他的连任竞选也受到威胁，因为大多数选民都不满意。

然而他还是这么做了。[1] 这可能是他一生中的至暗时刻。

我们可以将哈里·伯恩斯饱受折磨的勇敢与政治家约翰·麦凯恩生命中的类似时刻进行对比。在伯恩斯的良心危机之后几乎整整一百年，在美国参议院进行了废除《平价医疗法案》(*Affordable Care Act*) 的投票。麦凯恩长久以来是“奥巴马医改”[2] 的批评者——事实上，他一直在争取废除它。但在最后阶段，深夜的一场戏剧性的投票中，麦凯恩投下了决定性的一票——他先抬起他那只健全的胳膊[3]，之后突然将大拇指反转向下表示反对——反对共和党削弱《平价医疗法案》的提议。

麦凯恩曾在 2010 年批评民主党通过该法案的策略，不过在他自己的政党掌权后，他却拒绝支持他们继续反对这个法案。他这样做的原因，实际上不如他做这件事时的感受，对我们而言更为重要。

尽管在这两种情况下，投票都只需要“片刻的勇气”，但可以肯定的是，麦凯恩比哈里·伯恩斯感到的恐惧要少得多。他一点也不矛盾，他也没有动摇或质疑过自己。因为他有着令人吃惊的职业生涯，他让周边每个人都失控，他坚持原则，即使这样做可能不符合他自己的最大利益。

伯恩斯闭上眼睛，跳进了未知的世界，大概有一半以上

---

① 尽管我们应该注意到，他之所以敢于这么做，正是因为几代妇女参政论者表现出的深刻而协调一致的勇敢。

②《平价医疗法案》后来被称为“奥巴马医改”。——译者注

③ 麦凯恩是越战时被俘的美军飞行员，曾被枪托击碎一侧的肩膀。——译者注

的人相信他是在葬送他的职业生涯。他从来没有做过这样的事。他为此感到不安。他也没有勇往直前。如果不是妈妈的一张纸条，他恐怕根本无法面对那一刻的恐惧和怀疑。“让我们欢呼然后投票支持选举权，不要让他们怀疑，”她说，“我注意到钱德勒的讲话，非常痛苦。我一直等待看你的立场是什么，但什么都没有看到……不要忘记做一个好孩子，帮助‘托马斯·卡特’夫人处理她的‘麻烦’。她会是那个让‘麻烦’得到批准的人吗，哈！就这样吧，爱你，妈妈。”

《平价医疗法案》投票的时候，麦凯恩的母亲已经105岁，她不再需要提醒她的儿子，因为她从小就培养他做更难的事情。麦凯恩写道，他从她的身上学到了将困难视为“有趣的生活要素”的态度。正如我们必须要做的那样，他让勇气成为一种习惯。当他做出决定离开的时候，你可以看到他的眼中充满了喜悦。他会在面对自己政党的领导时发起攻击。这对他生活和事业的影响可能都是致命的。

我们不能希望需要时勇敢会及时出现，它是我们逐渐培养起来的能力。运动员不能只想击中制胜球，他们为此练习了数千次。他们在训练赛中、在临时组队的比赛中、在健身房里独自训练着，在脑海中为大赛倒计时。

有一个老套的建议：每天做一件让你害怕的事情。

然而这并没有那么糟糕。如果你没有经过演练，怎么能完成那些让你害怕、让别人害怕的大事呢？当风险很低时你不去尝试，你能相信在风险很高时自己可以挺身而出吗？

所以我们需要测试自己。要让勇气成为一种习惯。

“多做让你害怕的事。”拉尔夫·沃尔多·爱默生[①]说。或者正如威廉·詹姆斯[②]所写，我们希望“让我们的神经系统成为我们的盟友，而不是我们的敌人”。当我们可以让事情自动运行的时候，我们就不需要思考了，我们做错事的概率也会减少。他还说过，没有人比“除了优柔寡断没养成什么习惯”的人更悲惨。事实上有：没有人比那些在做决定的时候选择逃避和怯懦的人更悲惨的了。

他们的日常生活不仅糟透了，在关键时刻也会让自己失败并连累他人。

那么，你最好从小的事情开始。我们可以试着把淋浴间的水温调凉。我们可以主动当众讲话。我们不在乎别人如何评价，穿上滑稽的服装来取悦我们的孩子。我们可以冒着被翻白眼和屈就的风险，承认我们对某事一无所知。我们可以去尝试以前从未尝试过的东西。

通过这种方式，在需要的时候我们将会知道该做什么，也知道下一步要做什么。

勇敢的行为，正确的事情，原则性的立场。

无论结果如何。

---

① 拉尔夫·沃尔多·爱默生(Ralph Waldo Emerson，1803—1882)，美国思想家、文学家、诗人。他是确立美国文化精神的代表人物，是新英格兰超验主义最杰出的代言人。——译者注

② 威廉 · 詹姆斯（William James，1842—1910），美国心理学之父，美国本土第一位哲学家和心理学家，也是教育学家、实用主义的倡导者，美国机能主义心理学派创始人之一，亦是美国最早的实验心理学家之一。——译者注

Seize the Offensive

抢占先机

“是什么让你夜不能寐？”詹姆斯·马蒂斯[①]将军曾经被一位电视记者问道。

问题还没说完，他就已经开始回答了。

“我让人们在晚上保持清醒。”

这个答案说出了这名勇士，以及此前此后每一位勇士的生活哲学：进攻的哲学，需要主动出击。恐吓敌人而不是被恐吓，不时地击退恐惧，而不是被恐惧击退。这就是他命令部队晚上在V形营地中睡觉的原因，V指向了敌人的方向。这也是为什么他在海湾战争中名声大噪：他撤职了一名其他各方面都很出色只是行动太慢的军官。借用英国将军道格拉斯·黑格[②]爵士的一句话，马蒂斯具备所有伟大士兵都必须具备的特

---

① 詹姆斯·马蒂斯（James Mattis），第26任美国国防部长。美国海军陆战队退役上将，曾任美国中央司令部司令、北大西洋公约组织盟军转型司令部最高司令。——译者注

② 道格拉斯·黑格（Douglas Haig，1861—1928），英国陆军元帅，第一代黑格伯爵，英国陆军高级军官。——译者注

质："真诚地渴望与敌人交战。"他对他的部队期望极高。

什么，要等对手准备好？让他们占据上风？

那可没门！

在日常生活中，我们称之为主动性。在体育运动中，我们称之为胜利的意志。借用残酷的战争表达，我们这样描述：杀手本能。

没有勇气就不可能有杀手本能，前者是后者的前提。如果缺乏勇气，就没有人能在商业、运动、生活中取得伟大的成就。

斯巴达人从不问敌人有多少，只问敌人在哪里。因为他们无论如何都要进攻。他们参与其中就是为了获胜。

在格兰特决定承担夺取彼得斯堡这一重任时，其他人都因为恐惧而退缩，他们一再受到谨慎的下属的阻挠，这些下属曾遭受罗伯特·E.李和邦联军队多年的重击，而格兰特则在西面战场赢得了战斗。在每一个转折点，他们都试图尽量少出战，他们不愿施压，不愿采取进攻，还警告格兰特真正开战时李将会是什么样子。

格兰特在得克萨斯州的平原上积累了"幻影恐惧"和"敌人往往被高估"的经验，他终于受够了。"哦，我再也不想听到李将会做什么，"他对一位带着更可怕的预测来找他的将军说，"你们中的一些人似乎总认为他会突然来两个空翻，同时落在我们的后方和两侧。回到你的指挥部，去想想我们自己要做什么，而不是李将要做什么。"

他下达的命令是："李去哪儿，你们就去哪儿。"在不断地坚持下，他们再也不会回到防守的状态。

最终，差不多整整一年以后，李做的事情是投降……向格兰特投降。

这是南北战争的决定性时刻，北方开始进攻。格兰特决定停止防守，开始进攻。当李掌握主动权的时候，南方很强大。而他的失败只是时间的问题。

高压型的对手就是这样，只要我们允许他们攻击，他们就会来打我们。但是当我们开始反抗，开始选择我们的战场，专注于他们的弱点的时候，至少我们还有机会。

不管是什么，无论你在做什么，你都必须积极主动。当你出于恐惧，当你紧跟他人的步伐时，你就没有机会了，这种方式根本不可行。要想取得成功，你必须采取攻势。即使你行事谨慎，也必须不断地推进假设，坚持不懈地朝着胜利的方向。你必须要控制好节奏。无论事情大小，在战斗中、在会议室中都要把握节奏。你希望他们害怕你要做的事情，而不是反过来。

Stand Your Ground

坚守阵地

一个星期一的早晨，年轻的弗雷德里克·道格拉斯认为他已经受够了。

一个臭名昭著的虐奴者爱德华·柯维过来惩罚他，反而被道格拉斯掐住了喉咙。道格拉斯的反抗让监工目瞪口呆，他从来没有经历过这样的事情。每个奴隶都知道，对一个白人下手意味着死亡，而道格拉斯只有 17 岁，却把这个人打得落花流水。

柯维大声地呼救。不过当道格拉斯猛踢了冲上来的第一个人的胸口后，援兵立刻就被吓退了。两个小时！道格拉斯和柯维在院子里搏斗了整整两个小时！道格拉斯为了他的生命，为了他作为一个人的尊严而疯狂地战斗；柯维感到吃惊、羞辱，他还不习惯防御。最后在失败、疲惫和恐惧中，柯维借口说已经给了奴隶点教训，放走了道格拉斯。

“总有一天，人们受够了压迫会拒绝再度被铁蹄践踏。”马丁·路德·金后来说。在马里兰的那天早上，道格拉斯认为他受够了，一切随之改变。

“我从未有过这样的感受，”他写道，“这是一次光荣的复活，从奴隶的坟墓到自由的天堂。久违的精神振作起来，怯懦退去，大胆的反抗随之而来；现在我已下决心，无论我做了多久的奴隶，我作为奴隶的那一天都已经永远离我而去了。”

要了解强大的召唤来自何方，我们必须回到道格拉斯 8 岁的时候，他曾目睹一个名叫耐莉的奴隶被残酷地鞭打。一个残忍且嚣张的监工没想到的结果是，他遭到了这个五个孩子的母亲的激烈反抗。她用自己的指甲和拳头试图摆脱困境。她又喊又叫。当他把她拖到鞭刑柱上时，她抓着泥土，抓住了她能抓住的一切。她的一个孩子甚至咬了他的腿。道格拉斯观察到：“她似乎决心让这个男人为了鞭打她付出尽可能多的代价。”

当监工施以惩罚时，他血淋淋的脸证明了耐莉的成功。即使他鞭打她，她也没有屈服。她诅咒他，谴责奴隶制的邪恶及其作恶者。她的皮肤撕裂，但她的精神仍然完好无损。

这一幕深深烙印在男孩的记忆中，并在弗雷德里克·道格拉斯的内心孕育了一颗勇敢的种子，这颗种子在那天突然猛烈地与他自己的主人一起绽放，大约 57 年间，他在追求公众正义的倡导中结出了英勇的果实。

还会有人再次恐吓道格拉斯吗？他有胜算的把握吗？他的敌人可能会制造什么威胁？他只是一个无能为力的奴隶，却能直面死亡，让强大的迫害退却了。一旦你品尝到勇气和自由的味道，并为自己挺身而出，恐惧的滋味就更加难以忍受了。

这对于在1956年融合午餐柜台[①]的年轻夫妇来说是如此；对于勇敢地站出来反抗霸凌的温顺男孩来说也是如此。

道格拉斯写道："旧有理论认为服从是治愈愤怒最好的疗法，但这在奴隶种植园行不通。""最容易被鞭打的人最常被鞭打，而那个有勇气站出来反对监工的奴隶，虽然一开始可能会受到更多严厉的鞭打，但最终会成为自由人，即使他对奴隶制度认命。"

你可以杀了我，但你不能鞭打我，这成了道格拉斯的座右铭。是的，他不会再被鞭打了，就像他说的那样，在他坚持自己的那一刻就获得了一半自由。不久他就获得了另一半自由，在面对奴隶抓捕手时他勇敢地奔向了自由。

套用马丁·路德·金的另一句话，"当我们挺直腰背时，我们可能会被殴打——但我们不能被侮辱"。对于道格拉斯来说，这意味着战斗。金和他的民权活动伙伴以不同的方式进行抵抗，他们不断地与狗、消防水枪和压迫者的霰弹枪对抗，直到监狱人满为患，系统崩溃。

我们不能容忍虐待、限制或不公正。我们无法逃避问题，我们只能面对问题。屈服不能解决任何问题。我们也不能指望暴行会神奇地自行消失。我们设定我们的底线，如果不是现在，也不会太久。我们必须要求独立自主，并坚持到底。

---

① 这句话并不是指1960年在格林斯博罗（Greensboro）发生的午餐柜台种族融合抗议运动，而是一对假想的年轻夫妇，他们勇敢地决定蔑视当时的社会规范，就像许多人在民权运动之前所做的那样。这更像是一个勇气的比喻（就像"勇敢地站出来反抗霸凌的温顺男孩"）。——译者注

我们每个人都拥有比我们以为的大得多的力量。

通过要求我们的权利，通过反击压迫、凌辱或者虐待，我们不仅要勇敢，还要像道格拉斯一样，帮助追随我们的每一个人。

Courage Is Contagious

勇气是会传染的

当另一个国家向斯巴达寻求军事援助时，斯巴达人不会派遣他们的军队，而是派出一个斯巴达指挥官。这就够了。

因为勇气，就像恐惧一样，具有传染性。一个知道自己在做什么、不害怕、有计划的人，足以增强一支寡不敌众的军队，支撑一个破碎的系统，平息已经生根的混乱。所以他们的盟友只需要一个斯巴达将领。

德克萨斯游骑兵比尔·麦克唐纳的故事也是如此。20世纪初他被达拉斯当局派遣去阻止一场非法的职业拳击比赛，当他到达时，市长惊呆了，问道："他们只派了一名游骑兵？！""只有这一场骚乱，不是吗？"麦克唐纳回答。

这是我们之前谈论过的那句话在现实中的体现：一个有勇气的人足以影响大多数。

"足以"是这里的关键词。它不是这样开始的，而是变成了这样。

你不必成为斯巴达将军或德州游骑兵，也能有所作为。

战争历史学家和美国陆军军官 S. L. A. 马歇尔[①]曾说："无论军衔多么低，任何能够控制自己的人都会有助于控制他人……恐惧会传染，勇气也是如此。"

你不必成为团队里最聪明的，或者最厉害的、最抢眼的那一位。你不必知道所有的答案，你只需要时刻准备好。需要的时刻你必须立即做好自己的工作，让曾经的训练指导你，勇敢、冷静、头脑清醒地做正确的事，做你眼前的事情。

无论你是谁。不管你做什么。

不被操纵性宣传分散注意力的公民有助于成就更有责任的政府，在市场低迷时不挤兑银行的人有助于维持经济发展，勇敢的父母可以帮助他们的孩子对抗癌症。同样地，普通士兵们戴好头盔、咬紧牙关、绝不后退，既可以帮助战友，也可以打击敌人。正如马歇尔所说："任何人的勇气都在某种程度上反映了他视野范围内的所有人的勇气。"

当你勇敢时，你会有所作为，你会在这个过程中令其他人更加勇敢。

冷静也像病毒一样，通过接触传播。一旦它开始通过空气传播，我们散播它，我们多余的力量就能将它转移到其他人身上，感染他们，接着再去感染其他人。这不是一种低等的、有害的媒介，而是一种增强力量和信念的媒介。

当充满恐惧时，星星之火令人惶恐，它使士气低落，随

---

① 塞缪尔·莱曼·阿特伍德·马歇尔（S. L. A. Marshall，1900—1977），美国军事记者和历史学家。——译者注

后失败。同样的，一个人可以轻松地将这种危险化解，一个人就可以扭转乾坤。

那么你的问题来了，你是那个人吗？你是问题的一部分还是你能解决问题？你是他们寻求帮助的那个人吗？或者是那个必须被冷静下来的人吗？

You Have to Own It

你必须勇于承担

一个非常勇敢的人却害怕世上最普通的一件事：责任。非常奇怪的是这种情况很常见。

卢坎勋爵下令轻骑兵团发起冲锋，卡迪根伯爵负责指挥。他们派遣了大约600名英国骑兵对抗俄罗斯军队，这是军事史上最勇敢但毫无意义的袭击之一①。

以下是他们的声明：

伙计们，这事情说起来有些荒谬，但这不是我的错。

这事与我无关。我下令冲锋是出于我认为最迫切的需要，我不承担任何责任。

---

① 轻骑兵的冲锋（Charge of the Light Brigade），是指在1854年10月25日的克里米亚战争巴拉克拉瓦战役中，由卡迪根伯爵带领英军轻骑兵团向俄军发起的冲锋。当时，英军总指挥派遣轻骑兵夺取战线附近正在撤退的俄军大炮，通讯人员却错误传达了他的命令，仅装备马刀的轻骑兵因此在易守难攻的地形上，正面冲向了准备充分的俄军炮兵。轻骑兵团在猛烈的火力下，成功冲入炮兵阵地，但因为伤亡惨重，被迫撤退。在战斗中，英军付出了沉重的代价，引以为傲的轻骑兵团几近全灭却没能换来任何战略利益。——译者注

他们面对敌人无情的子弹时毫不惧怕，面对敌人的火力时，他们可以步调一致地冲锋。但是面对批评和责备呢？就像所有软弱的领导人一样，他们躲闪了。他们甚至没有足够的勇气来质疑它，对于这个导致悲剧的、明显毫无意义的命令，他们只是奉命将它传递下去，这无疑导致了众多轻骑兵无意义的牺牲。他们没有承担起作为指挥官应有的责任。

这就是规则：你做出了决定。

那现在，你就必须对所发生的一切负责。

没有借口。没有例外。

在这个世界上，我们每个人都被要求应当为自己负责，为自己的行为负责，特别是当你是领导者的时候。

由你自己承担。永远都是。

“这不是我的错。”“这不是我的问题。”“别怪我。”这些话就不应该从你的口中说出。

如果你想变得伟大，那就不应该这样。除非你是个懦夫，否则你也不会这样。

琼·狄迪恩[①]指出：“愿意为自己的生活承担责任是自尊的源泉。”

领导的特权是有代价的。勇气的负担是很重的，你都要自行承担。

如果这让你感到困扰怎么办？那么你什么都不做，什么

---

① 琼·狄迪恩（Joan Didion，1934—2021），美国随笔作家和小说家。——译者注

都不说，什么都不是，可能会更快乐。

然而，我们似乎总是认为自己可以侥幸逃脱，我们有办法可以对冲风险。

关于轻骑兵的故事有个趣闻：阿尔弗雷德·丁尼生勋爵，当时是帝国的桂冠诗人，写下了他那首令人难以忘怀、鼓舞人心的诗，讲述了普通士兵在那次冲锋中的悲惨英雄主义：

炮打在他们右面，
炮打在他们左面，
炮打在他们前面，
排炮在轰鸣；
枪炮猛击犹如暴雨，
他们英勇无畏策马扬鞭。
六百骑兵向前，
冲进地狱的大门，
冲进死神的牙关。

可你知道他是怎么发表的吗？他使用了化名，因为担心发表这首诗对于他的身份地位而言可能有些不“体面”。

我们之前说过，勇气是会传染的，但你必须愿意接受它。丁尼生为那些可怜士兵的英勇动容……然而却效仿了他们军官的行为。

如果你打算仗义执言，请留下你的名字。为你所做的每一件事负责。这才是勇者，不，这是每一个人都应该做的事情。

你打破它，你就为它买单；你采取行动，就要承担结果；你说出它，就要为之负责；你下命令，就要准备接受责备。

这是自尊的源泉，也是领导者的源泉。

You Can Always Resist

你总能抗拒

耶利米·丹顿指挥官被选中进行政治宣传。

到现在为止，他在北越战俘营里已经待了 10 个月，经过了长时间的残酷审讯。

当他坐在摄像机前的椅子上时，筋疲力尽，又饿又疼，等待着即将到来的殴打威胁。他考虑了一下他的选择，他什么也不能说。他打算尽量平淡地回答这些问题。他可以设法向他的家人、他非常想念的妻子和 7 个孩子传递一些爱的信息。他可以说出北越的抓捕者想让他说的所有事情，为自己赢得一个不错的缓刑，也许能在所谓的“河内希尔顿”[①] 余下的时间里得到特殊的对待。

然而他选择了一个令人难以置信的反抗姿态：敷衍地回答了审讯者的问题后，丹顿开始慢慢眨眼，表现得就好像是被摄像机的灯光晃到了。

① “河内希尔顿”是对北越战俘营的谑称。——译者注

一下长长的眨眼。

三下长长的眨眼。

短暂的眨眼，长时间的眨眼和短暂的眨眼。

一下长长的眨眼。

两下短暂的眨眼，然后是长眨眼。

短暂的眨眼，长时间的眨眼和短暂的眨眼。

短暂的眨眼。

直到他用莫尔斯电码拼出了全世界都能看到的T-O-R-T-U-R-E（酷刑）。

俘虏他的人以为他们打垮了他。而实际上，却是他打垮了他们，以其人之道还治其人之身，在国际舞台上羞辱他们。

有人说，斯多葛主义者就是对命运说“见鬼去吧”的人。确实，就是这样。

他们反抗。他们战斗。

他们不会被迫做错事，特别是在重压之下。

在你感到厌倦后辞职，公司律师过来提醒你曾经签过保密协议。地位稳固的竞争对手告诉你，如果你不接受他们的提议，他们就会结束你的小生意。勒索大师拿钱走人。政客想要你服从。官员要求你让步。

这种威胁可能是明确的，或者是微妙的。也许是关于一件重要的大事，抑或是除了你之外没人关心的一件小事。不过，信息很明确：不然的话（有你好瞧）。

我们需要记住斯巴达驻军被亚历山大大帝残暴的父亲菲

利普国王围攻的故事。他告诉他们，如果我攻破这堵墙，那你们的下场就不好说了。如果我赢了，我会杀了你们每一个人。

斯巴达人用一个大字回答："如果。"[①]

就像是说，我们不会轻易放弃。也像是说，我们会说到做到。你们必须先打败我。你可以杀了我，但我绝不会给你鞭打我的机会。

这就是最勇猛的反抗，它常常被低估，但它有很大的潜力。如果弗雷德里克·道格拉斯和耐莉在奴隶制度的压迫下，都能够鼓起勇气，你为什么不能呢?

我们之前谈过约翰·亚当斯努力地想把赫拉克勒斯放在美国的国徽上。以同样的方式，本·富兰克林为新共和国提出了座右铭："反抗暴君就是服从上帝。"

不仅仅是对暴君，对恶霸、骗子、施虐者、混蛋、欺诈者、煽动者、骗子和坏演员也都一样。

勇气告诉他们，从我的尸体上越过去。勇气说，只要我还有口气就不会同意。勇气说，不管你怎么说，我都会按照我自己的方式做事。

他们会伤害你。他们可以对你大喊大叫。他们可以做可怕的事情。

但你并非无能为力。事实上，你拥有比你自己知道的更多的力量。"我一无所有，但我不会低头。"戴高乐告诉他的英国盟友。他不会屈服。他不会轻声细语，对任何人、敌人或朋

---

① "如果"在英文里是"If"，一个词。——译者注

友都不会。他是一名斗士，这就是他要做的。

你可以为自己做主。你有这个实力。你会让他们因为曾经和你纠缠而后悔。

永远不要接受既定的结论。只有失败者才会在比赛结束前停止与对手战斗。要寸步不让，为自己而战。

谁也不能让别人做错事。我们拥有这个力量，问题是，我们打算让它发挥多大作用？

“如果他们能够强迫你，”塞涅卡让赫拉克勒斯在他的一部戏剧中说，“那么你就忘记了如何面对死亡。”

请记住这一点。

Fortune Favors the Bold

幸运眷顾勇者

它是最古老、最普遍的谚语之一：在《埃涅阿斯纪》[1]中，它是“幸运偏爱大胆的人”（拉丁语：audentis Fortuna iuvat）；在特伦斯的一出戏中也出现过“命运眷顾勇敢无畏的人”（拉丁语：fortis Fortuna adiuvat）；修昔底德曾说“勇敢者的幸运根源”；而罗马海军上将兼作家普林尼的版本则是“幸运总是眷顾勇敢的人”。

好运偏爱有胆识的人。好运总是眷顾勇敢的人。

它偏爱大计划。它偏爱风险。

决定冲锋，决定打破等级，决定尝试新事物，决定接受疯狂的挑战，向人求婚，去旅行，举手表决，或者随着比赛的进行，你来一个长传，不再担心被拦截。虽然这些选择往往胜算不大，但你要知道，历史的大势与你密不可分。大众与你同在，准备在你取得胜利时为你欢呼。你越是置身其中，你的好

①《埃涅阿斯纪》（*Aeneid*）是“文人史诗”的开端，它使古代史诗创作在结构、人物、诗歌格律等方面都进一步定型，对后世欧洲史诗体裁产生了很大影响，作家塔索、弥尔顿等都以其为范本。——译者注

运越会随之而来。

据说，建筑师丹尼尔·哈德逊·彭汉[1]曾建议他的学生不要制订小计划。他告诉他们要从大处着眼，解决大问题。不要被困在生活的琐事上，要努力去尝试做一些可能令他们害怕的、新颖和不同的事情。

历史上所有伟大的指挥官和企业家都因为能够承担风险而取得成功。虽然他们也会担心，但他们并不害怕。他们行事大胆，他们走进了竞技场，他们掷了骰子，他们有胆识。

然而更重要的是他们很幸运。如果不是这样，我们就不可能在这里谈论他们了。

“根据我的经验，大胆的决定更可能带来成功，”埃尔温·隆美尔[2]将军在他的一封信中写道，“但必须区分是战略或战术的大胆还是一场军事赌博。一个大胆的行动不一定预示着成功，但如果失败了，就会留有足够的力量来应对可能出现的任何情况。然而，赌博的结果要么是取胜，要么是一个人的力量被彻底摧毁。即使赌博可能是正当的，也可能会出现这样的结果。在通常的情况下，失败只是个时间问题，所以赢得时间毫无意义，唯一的机会在于大胆行事。”

正是隆美尔在战场上的战术和战略胆识，让他在二战初

---

① 丹尼尔·哈德逊·彭汉（Daniel Hudson Burnham，1846—1912），美国建筑师和城市规划师，是20世纪早期“城市美化运动”的领导人之一，强调大型公园、宽阔的街道、开放空间。——译者注

② 埃尔温·隆美尔（Erwin Rommel，1891—1944），第二次世界大战中著名的德国陆军元帅，又称“沙漠之狐”。——译者注

期成为北非战场上老谋深算的将领。尽管如此，我们还是无法不去谴责他在战争爆发前面对希特勒时缺乏勇气。事实上，几乎所有德国将军都缺乏勇气，他们中的许多人发现了希特勒精神错乱和令人反感，但即使看到国家被劫持，他们也不敢打破军规去挑战他。这些人是世界上最勇敢的人，曾多次面对战火和死亡，但在会议上他们被吓坏了，他们希望别人能做点什么。等待、希望、畏缩，他们同样犯了滔天的罪行。我们永远无法完全理解他们的纠结，但无所作为已经决定了他们的命运。

原本一点点勇敢就可以起很大的作用，最终，隆美尔错过了这个机会，留给的他只是一场赌博。到了 1944 年，这场赌博变得有些正义了。虽然失败只是时间问题，但不妨一试。所以他去了。在 7 月 20 日刺杀希特勒的行动中，幸运并不十分青睐那些试图废黜希特勒的谋反者，不过历史至少尊重了他们的企图。

当下有一点胆量，远比后来敢于抗命更有价值。与后者相比，前者需要更少的幸运眷顾就能成功。

亚马逊的创始人杰夫·贝索斯曾谈到他为什么不“赌上整个公司”，因为他不必，是自满的拖累最后让你不得不承担更大的风险。如果公司多年来对大势视而不见，最终将不得不改变或者等待死亡。当你不得不弥补之前的缺憾时，你必须赌上一切。换句话说，贝索斯须将每天的工作做到极致，选择全盘计算而不是粗心大意，增量迭代而不是危险跃进。

现在就去做最难的事。

今天就要在所有重要的事情上更坚定、更勇敢。

你必须坚信事情没有你想象的那么危险，你也并不像你想象的那般孤独。

有股力量在你身后支撑着你，即使你还没有察觉。幸运女神就在这里。命运在向你微笑，但她很快就会厌倦，如果你让她等待，她会怨恨你。

现在冒险总比以后赌博更好。

无论什么情况，都要大胆地前行。

The Courage to Commit

承诺的勇气

传记作者赫尔曼·哈格多恩写道："西奥多·罗斯福的故事就像是一个小男孩读到了伟人的故事，并决定要像他们一样。"你能察觉出一丝嘲笑，对吗？

但罗斯福真的相信，相信他自己，相信那些故事，相信那些比他自己伟大得多的事情。很多人发现这样想既荒谬又很危险。这在《圣经》里也曾提到过，当我长大成人时，我收起了那些幼稚的想法。

戴高乐也同样地遭到了嘲笑。他真诚地、热切地相信法国的伟大，他相信命运。"法国是一个伟大的国家。"他一遍又一遍地说。在法国危在旦夕时，主张法国一方面接受盟军的摆布，另一方面被动地与纳粹合作是非常荒谬的。

你读了一些他的名言，你望而却步。我们内心对此有着根深蒂固的质疑。我们希望人们长大，变得真实，不再相信童话故事。

但是，如果没有这种信念，在消极贬低里、在批评中、在一切都可能是徒劳的情况下，我们有什么勇气可以继续前行？我们的处境又会是如何？当然，如果戴高乐不那么关心法国，他就不会这么冒险地去拯救它。正是他对命运的真诚和不可思议的信念，促使他创造了历史。他立志成为伟大的人，并在此过程中重新塑造了一个伟大的国家。对于罗斯福来说，关怀是勇气的源泉，这是促使他邀请布克·T.华盛顿到白宫的原因，尽管他曾经犹豫不决。这就是他冲锋陷阵、上马迎敌的原因，也是他拒绝在企业利益的压力下屈服的原因，还是他抵制社会阶层的傲慢与冷漠的原因。

正如马蒂斯将军所说，玩世不恭就是懦弱。关怀他人是需要勇气的。只有勇敢的人才会相信，特别是当其他人都充满怀疑的时候。

他们会嘲笑你。失败者总是聚在一起谈论胜利者。绝望的人总是嘲笑充满希望的人。畏惧的人总是尽最大努力试图让勇敢的人相信，尝试是没有任何意义的。自“智者”[①]时代以来，无论出于多么鸡毛蒜皮的理由，学者们都可以用他们出色的大脑将水搅浑，而不是把水澄清。

这是勇敢者必须穿越的迷雾。我们走在崎岖不平的道路上，两旁不是啦啦队，而是那些想要把我们引向歧途或是说服我们放弃的诱惑者。更大的可能是有人试图劝说你这无关紧要，它不会产生什么影响，而不是你因不敢尝试而受到威胁或恐吓。所有这些都需要你内心强大，保持纯粹，保持关怀，明确和真诚地对待那些被“礼貌的同侪”认为是粗俗的东西。

---

① 所谓“智者”(sophists)，是指古希腊的诡辩家。——译者注

这就是为什么我们甚至不愿意谈论勇气，更不用说美德了。它们已经过时，有些令人尴尬。它应该像一张挂在你床上的励志海报一样酷。最好表现得你很擅长它，以免你被评判为不够好。

但是，有没有人在他们不关心的领域取得了成就呢？有没有人抱着讽刺的态度做了正确的事呢？如果不相信这样的事情值得做，就没有人会变得伟大。如果没有首先勇敢地去战胜质疑和冷漠，任何人都不可能拥有真正的勇气。

“不要畏惧伟大。”莎士比亚说。让它融入你的血液和精神并为之战斗。

有谁会在乎他们不理解的事情？那些嘲笑你向山上冲锋的人，是那些连迈出第一步都不敢想象的人。你会证明他们错了。即使不这样做，你也有足够的勇气去行动。

虚无主义是为失败者准备的。

Love Thy Neighbor

爱你的邻人

它是冷漠无情的试金石。以下这个故事证明了，在我们所谓的现代社会中，有些事错得离谱。

1964年3月13日凌晨3点，一位名叫基蒂·吉诺维斯的年轻女子在她的公寓楼外被残忍地强奸并刺伤。当她呼救时，听到的人都选择了无视。她呼救的声音在社区里回荡时，有30多个人打开了他们的电视或是在床上翻了个身，认为这不关他们的事。

为什么会这样？恐惧、自私还是疏离感[①]？也许他们认为会有其他人站出来。也许他们认为自己帮不上忙。社区的懦弱和冷漠让一个连环强奸犯和杀人犯更加肆无忌惮，以至于他再

---

① 疏离感（alienation），疏离一词来源于拉丁文字的alienatio（异化、外化、脱离）和alienare（转让、异化、分离、让异己的力量统治、让别人支配），英文alienation是疏远、转让、异化、精神错乱的意思。Alienation在社会学、社会政治哲学、精神分析学、存在主义哲学等学科中出现，在哲学上它一般被翻译成异化，主要是指主体在其发展的过程中，由于自己的活动分离出对立面的客体，这个客体逐渐跟主体疏远，从而成为外在的异己的力量而反对主体本身。在社会学中，广义上说，alienation是指个人同他的社会存在的主要方面相离异。——译者注

次返回，并从受害者的钱包里偷走了50美元。

如果那天晚上这件事发生在我们的社区里，我们会怎么做？一年发生636起谋杀案，生活忙碌会让我们对一个垂死的女人的尖叫无动于衷吗？

这个故事已经显示了当今社会的种种弊病，然而事实上，基蒂的一位邻居并没有像其他人那么冷漠，并且不止一位。一位邻居听到声音后打电话给索菲亚·法拉尔，一位也住在同一幢大楼里的年轻女子，说他们认为基蒂有麻烦了。

30多岁的索菲亚没有考虑自己的安危，当时她家里还有一个婴儿，她迅速穿好衣服，冲向那个声音。基蒂躺在大楼的门前，门被卡住了。索菲亚小心翼翼地打开门，发现基蒂几乎没有了生命迹象，她已经被自己的血浸透，胸部和肺部被刺穿。索菲亚温柔地安慰基蒂，拼命想挽救她的生命。索菲亚大声呼喊，直到有人叫了医护人员。她鼓励她的邻居要挺住，她马上就会得救。她告诉这个垂死的女人，她们都爱她，有人陪伴在她身旁。

一切都太晚了。在赶去医院的救护车上，基蒂因失血过多而去世。

“我只是希望她知道有我在，”索菲亚说，“她并不孤单。”

是的，基蒂·吉诺维斯的故事是一个关于懦弱和冷酷的故事，但它也是一个朋友在最后时刻拥抱另一个朋友的故事，在一个太多人放弃的世界里，依旧有安慰和善意存在。

你是怎样的朋友和邻居呢？

基蒂·吉诺维斯是一个刚刚公开与女友生活的女同性恋

者，这在1964年不是一件小事。然而，她和索菲亚是朋友，她们不仅仅是在大厅里遇见互相打招呼的关系。基蒂有时会开车送索菲亚的儿子上学。当她们出城时，索菲亚会帮忙照看这对恋人的贵宾犬。她们彼此陪伴、相互帮助，就像邻居必然会做的那样。当悲剧发生在基蒂身上时，索菲亚挺身而出。

“人们赞美各种各样的勇敢，却没有考虑过他们的近邻表现出的勇敢。”乔治·艾略特在《米德尔马契》[①]中提道。索菲亚·法拉尔不是我们关注的那种人。在著名的《纽约时报》的故事中并没有提到她，这个故事引起了数百万人的注意，但她从来没有接受过采访，也没有引起丝毫关注，她甚至从来没有为自己辩护过，辩护她不是那些轻率、懦弱的邻居中的一员。

即使她从来没得到过认可，即使她没能救出基蒂，但这些并没有剥夺她的勇气。重要的是索菲亚的行动，她匆忙赶到现场，丝毫不顾自己的安危。她打电话求救，她安慰她，她关心她。英雄都会这么做。

我们不会总是成功，但我们必须尝试。我们不能铁石心肠或者打开电视。我们不需要等待某个重要的时刻。这与我们每天所做的事情息息相关，为了我们自己，也为了他人。

“我很骄傲一开始就做出了决定，”瓦拉姆·沙拉莫夫谈到他在古拉格所经历的考验时解释道，“如果我获得自由可能会导致另一个人的死亡，如果我获得自由是必须服务那些压迫

①《米德尔马契》（*Middlemarch*），英国作家乔治·艾略特创作的长篇小说，首次出版于1872年。书中有两条主线：一条为少女多萝西娅的婚姻悲剧与理想的破灭，另一条为青年医生利德盖特爱情与事业的双重挫折与失败。——译者注

其他像我一样的犯人的老板，那我绝不去当监工。在这巨大的考验中，我的体力和精神力量都比我想象的要强大，我很自豪我从未出卖过任何人，从未让任何人送死或者再次判刑，也从未谴责过任何人。”

现代世界的自由，你成功的自由，都不是不在乎他人的理由，也不是漠不关心的借口。是的，你有很多事情要做。是的，尽管世界上大多数的邪恶都不是你的错，你还是不应该对楼下无辜者的尖叫声充耳不闻。

安妮·弗兰克的邻居，一位名叫米普·吉斯的年轻女子，与索菲亚年龄相仿，几个月来她一直冒着风险保护躲在阁楼里的犹太家庭，并为她们提供食宿。我们也知道这个故事是如何结束的，一个邻居出卖了他们。但我们必须关注那些英勇地尝试阻止这种事情的人。正如吉斯解释的那样，我们必须鼓起勇气提供帮助，即使这是一场无望的战斗。“尝试采取任何行动远比什么都不做要好，”她多年后反思道，“尝试可能会出错，但什么都不做一定会失败。”

我们必须尝试。因为如果我们不这样做，谁会这样做呢?

我们不能只是哀叹我们生活的这个世界多么黑暗，我们必须寻找光明。我们必须成为光。

为我们的近邻们，为彼此。

Bold Is Not Rash

大胆但不鲁莽

一个有勇气的人可以影响大多数人。这很鼓舞人心，同样非常危险。

如果这个人做错了怎么办？或者他是不是一个自大狂？如果他发心不正呢？这是制造暴君和建立残暴政权的方式。这也是宗教教派成为世界末日邪教的方式。

一个人很容易将自己和大多数人带入深渊。

因此很重要的一点是，我们要明白勇气作为一种美德，必须与同样重要的美德——节制——相互平衡。是的，亚里士多德用勇气展示了节制的概念。他说，勇气处于两种恶习的中间点，一头是最为人知的怯懦，另一头是同样危险的鲁莽。

在谈到轻骑兵的冲锋时，下达命令的卢坎勋爵是一个过于谨慎的蠢货，而指挥了自杀式冲锋、没有对此质疑的卡迪根伯爵则是一个鲁莽的蠢货。[①] 两者都很糟糕，但我们更倾向于

① 士兵们应该听从命令，但今天，他们被赋予了权利，如果他们认为命令危及安全或有道德风险，他们也有权向其上级申请“恳谈请求”，直到正确的事达成。

责骂前者。

其实这是错误的。恐惧至少能保护一个人，而完全的无所畏惧则可能导致毁灭。

这就是马可·奥勒留努力要做到的：“既不鲁莽，也不犹豫，不困惑，也不茫然……不谄媚，也不咄咄逼人或者偏执。”领导者就像是四处打架的十几岁男孩一样，如果最终发现自己被打败了，他们输掉的可能不仅仅是他们的自尊心，更糟糕的是，没有人知道还有谁会被卷入其中，谁能为他们的鲁莽买单。

有一个关于斯巴达士兵的故事，他在与底比斯的战争中以近乎超人的英勇而闻名。然而，在战斗结束后，他被城市统治者罚款，因为他没有穿戴盔甲战斗——他不必要地危及了斯巴达的资产……那就是他自己。

勇气不是比胆量的大小，也不是无谓的虚张声势。但这不意味着你可以认为自己无敌而不佩戴摩托车头盔。勇气是要承担风险的，只是必要的风险，只是慎重考虑过的风险。

这就是为什么真正勇敢的人往往比较低调。他们没时间也没兴趣到处吹嘘。此外，他们知道吹牛会成为众矢之的，这能有什么好处呢？但这并不意味着他们胆小或谦逊。正如亚里士多德多次指出的那样，直率处于夸张和贬低之间，懂的人自然懂。

在这个世界上，当你遇到了真正的勇气时，看到它之前你会感受到它的强度。它不会出现在寻求刺激者或冒失鬼的夸张行为中。正如我们所说，勇敢的人不会盲目行事，他们并不愚蠢，因此不会主动寻求冲突。即使他们敢于冒险，他们也会放低姿态，除非你碰巧在罕见的决定性时刻遇到他们，那时候他们必须鼓起勇气。即使这样，他们在行动中也会是深思熟虑的、冷静的、有条不紊的和有节制的。

要看到这样的勇气，我们可以来看斯特凡·茨威格对麦哲伦的描述，这位探险家的勇气是毋庸置疑的：

这里有必要再次强调，麦哲伦的无畏、胆识不可避免地呈现出独特的气质。对他而言，大胆行动并不意味着一时的冲动，而是巧妙地制订计划，做危险的事情时更要深思熟虑、要极其谨慎。他的冒险计划就像炼钢一样，真火淬炼，遇冰成钢。

我们的榜样不是头脑发热，而是冷酷无情的。在压力下的优雅表现也可以理解为在压力下行事冷静。小心谨慎不是勇气的反义词，它们互为补充。

请确保将它们合二为一。

我们常常有理由为自己曾经的鲁莽而后悔。

但对于勇敢呢？

我们从来没有后悔的理由。

Agency Is Taken, Not Given

主动行动，而不是被动接受

2011 年 4 月，距离彼得·蒂尔被攻击已过去 4 年，这 4 年里不断有人提醒他，他对此无能为力，不过现在他改变主意了。

或者更准确地说，他开窍了。

蒂尔在柏林与一位年轻人共进晚餐，我们就叫他 A 先生。蒂尔提到了高客网以及给他带来的痛苦。他抱怨该网站对文化产生的寒蝉效应（chilling effect），它暴露人们的隐私而没有因此受到惩罚，它将快乐建立在别人的痛苦上。A 先生是个很勇敢的人，大声告诉这位亿万富翁，他应该利用他现有的巨大资源做点什么。“不。”彼得回答道，他重复了自己被告知很多次的话，这是不可能的。

然而就在那时，他被一句话击中了，一句我们每个人都应该听到的话：“如果每个人都这样想，世界会是什么样子？”

尽管为自己做主是每个人与生俱来的权利，但我们当中很少有人选择坚持这个主张。我们接受了其他人对我们施加的限制。我们听信其他人告诉我们事情是否可行。我们在思考了胜算把握后，默默将它当作了一个有效的事实。

恐惧的作用是让你认为自己一无所有，从而剥夺你的能力。如果你相信你不能做某事，你不仅做不到，甚至都不会去尝试。这就是为什么我们需要更多的人来打破这种心态。

对于弗洛伦斯·南丁格尔来说，关键时刻是她意识到她永远不会得到她所需要的东西。正如她在日记中所写的那样，她发现她必须接受现实，她发现她需要去追求她想要的生活。

“法国不会这样。”拿破仑曾经对告诉他问题不可能解决的人说。然后他去做了别人认为他做不到的事情，为了他自己，为了法国。

“战斗开始了，”彼得·蒂尔写道，“从拒绝不公正的偶然暴政开始。”他知道，他需要做的只是去相信。

忘记宿命论。像南丁格尔一样掌控自己的生活。拒绝接受那些悲观的观点，不要认为我们受制于我们无法控制的力量。是的，你可以做点什么。你必须做点什么。

如果没有人相信历史篇章中的伟人，历史将如何书写？谁将创造历史？

当然不是你。当然不是我们需要的那种英雄。

我们每个人都有能力结束自己被囚禁的状态。我们每个人都有手段来维护我们的自主权。它由选择开始，由行动来保障。达·芬奇指出，很少有人是靠天下掉馅饼而取得成就的。不会是这样的，他说，成功者是让事情发生的人。

那你会选择哪个？无法动摇的惰性还是不可阻挡的力量？领导者还是追随者？被动接受还是主动抗争？

你必须相信你可以有所作为，你必须开始尝试，因为这也是一个有效的真理。不墨守成规的人是改变世界的人；而相信自己可以决定故事结局的人，至少是有机会书写一段历史的人。

在柏林的那次会面之后，蒂尔资助并参与了一件震惊世界的谋划。在一个与蒂尔毫不相关的案件中，高客网因为其恶劣行为被判处赔偿 1.4 亿美元，高客网因此倒闭，而事情背后是蒂尔缓慢的、稳定的、悄悄的支持。

你不必赞同蒂尔的做法。你对他提起的秘密诉讼感到震惊是很合情合理的，这些诉讼最终使得这家媒体公司破产，事情最终以他几乎完全拥有该网站而结束。事实上，你应该思考的是这点，因为主动性本身并不重要——重要的是我们维护了自己和自己的权力。

但毫无疑问，他所取得的成就很少有人能做到，而且几乎很少有人敢尝试。他做了一件人们普遍认为是不可能的事情。他找到了其他人看不到也认为不可能的切入点。他没有成为当事人，而是制造了事件。他做了他想做的事，他认为必要的事，他认为这会让世界变得更自由、更安全。

When Violence Is the Answer

当暴力就是答案时

纽约警察局官员腐败案中，在弗兰克·塞尔皮科对大陪审团作证后不久，他被重新分配到了曼哈顿北区。第一天上班时，他就感觉到有什么不对劲。虽然没有人在盯着他看，但房间里暗潮汹涌，所有人的注意力都指向了他。

这像是一个原始丛林中的场景，与自古以来在大草原上和校园里上演的场景没有什么不同。一名无疑是被选中执行警告任务的警官迅速接近了塞尔皮科。他站在他身边，从兜里拿出一把弹簧刀，张开手握住。“我们知道如何对付像你这样的人，”他一边说一边挥舞刀刃，“我应该割掉你的舌头。”

但这位警官不了解的是，塞尔皮科和弗雷德里克·道格拉斯一样，都厌倦了、受够了。一瞬间，塞尔皮科抓住并扭动男人的手腕，把他摔倒在地。塞尔皮科用膝盖抵住他的后背，将他按在地上，然后用他的半自动手枪顶住他的头骨。“滚，你这个混蛋，”塞尔皮科说，“我能把你的脑袋炸飞。”

手枪里有 14 发子弹，足够击毙房间里的所有人。塞尔皮科立场坚定：他不会被吓倒，他不会被碰到，他没有退缩。

这些激烈的场景很“酷”还是令人印象深刻？不，它们最好永远不要发生。好人也不应该对坏人拔枪。任何人都不应该因为做了正确的事情而不得不保卫自己。

可世界不在乎“应该”。你宁愿塞尔皮科赞同腐败而不是自我防卫吗？他应该在揭露之前就被杀害吗？即使是甘地——一个极其温和且克制的人——也有自己的底线。“如果只能在懦弱和暴力之间做出选择，”他说，“我会建议使用暴力。”

他们想强迫塞尔皮科不要说话。他们希望他在生命和原则之间做出选择。然而，他扭转了局面。

没有人要寻找这样的处境，但你需要知道的是你可能会发现自己陷入其中。到那时你就会明白在自卫术教官间流行的一句事实的表述：暴力很少是答案。如果它是，它就是唯一的答案。

一位斯巴达将军对一些胆小的同胞提出了同样的观点。将军看着一只老鼠被一个男孩抓住了尾巴，老鼠甩着尾巴咬住了它的抓捕者，他说：“如此小的生物都会这样攻击它的侵略者，你认为人类应该怎么做？”

正如那只老鼠证明的那样，没有保护自己的意愿，任何物种都无法长存。没有勇气，没有战士的精神，没有人，也没有国家能够长久地存活。世上有很多勇敢的和平主义者，但即使这样，他们也明白，在某种情况下，他们的理想主义得以实现只是因为其他人愿意在自己的岗位上恪尽职守。

有时需要身体上的勇猛来保护精神上的勇敢，有时我们会处于危险之中，或者我们所爱的人处于危险之中。说好话不会削弱危险，平静也不能保护我们。我们需要的是强硬、进攻和力量的展示。在这些时刻，我们不能回避，我们不能退缩。

我们不能被欺负，我们也不能坐视不管。

在那些时刻，我们必须反击，而且必须重拳反击。

为了避免我们最终屈膝，我们必须举起拳头，我们必须表明立场。

To Get Up and Leave

起身离开

这是弗兰克·塞尔皮科的母亲玛丽亚·乔瓦娜去往美国的经历。她和她的丈夫希望未来能有更好的机会，他们计划从意大利移民到美国，而由她来打前站。在年仅27岁的时候，她怀着7个月的身孕，乘船跨海。

在旅程中，她突然临产，并在船上提前产下婴儿。在这个严冬，她来到了这片新的土地，不会英语还因分娩大出血，本来要来接她的亲戚却迟迟没有来。在新生儿得到护理之前，她和她的孩子被分开了，她独自一人住进了慈善医院。

一周后，她的远方亲戚把她接了出来，她和他们在布鲁克林生活了一年。在等待丈夫从意大利过来的日子里，她默默地、坚忍地从事着繁重的工厂工作。

当塞尔皮科的父亲到达美国后，他唯一能找到的工作就是擦鞋。过了差不多10年，他才以鞋匠的身份开设了自己的店铺，这也是他最初的梦想。随着时间的推移，他抚养了3个孩子，其中一个几乎是单枪匹马地反抗和改革了纽约的警察局。

离开你的家，离开你所熟悉的一切，为了希望——常常是一个悲惨的、天真的、虚幻的希望，冒着一切风险，为了过上更好的生活。穿越海洋和沙漠，勇敢地面对炮火、偏见、壁垒和不确定性。这很可能是人类能做的最勇敢的事情。

这很美丽，也非常鼓舞人心。

戈培尔[①]将欧洲的难民和移民称为“休假的尸体”。只是一些游荡的“行尸走肉”，他们成为别人的问题，很快就会死在别处，他们不值一提。

他们胆大，他们赌上未来，他们有绝对的坚忍和决心吗？他们可能不是受过很多教育的人，他们可能不是富有的人，他们当中的一些人很可能犯过错误或者经历失败，但移民表现出一种值得我们钦佩的美德。勤劳？温顺？他们都是不知疲倦的战士，是开拓者和探险家的后代。如果没有这种勇气，我们将何去何从呢？

谁不想融入当地的经济和文化生活呢？谁不想在更舒适、更安全的生活中学到一些东西呢？

当然，移民并不仅仅是站起来和离开这么简单。有时候，放弃一份“一眼望得到头”的工作是一种勇气；有时候，我们倾注一生和毕生积蓄到我们的事业里需要勇气，或是我们远离政党需要勇气。经过多年不愉快的相处，我们决定离婚也需要

---

① 保罗·约瑟夫·戈培尔（Paul Joseph Goebbels，1897—1945），德国政治家、演说家。担任纳粹德国时期的国民教育与宣传部部长，擅长讲演，被称为“宣传的天才”“纳粹喉舌”，以铁腕捍卫希特勒政权和维持第三帝国的体制，被认为是“创造希特勒的人”。——译者注

勇气。

我们尽力，我们挣扎，我们勇敢地、激烈地战斗，虽然可能并没有得到我们预想的结果。

有些人以事情不好为借口，有些人把周围的环境作为绝望的理由，有些人认为缺少的机会正是解决问题的关键，有些人站出来做了点什么。

你是哪一个？

在与拉切斯的对话中，苏格拉底要求他给勇气下一个定义。苏格拉底得到了一个很好的答案：“勇气是一种灵魂的忍耐。”苏格拉底当然不会这样认为，因为在错误的事情上坚持下去，在鲁莽或不可能的努力中坚持下去，很难被描述为是明智的。

离开舒适区是令人恐惧的。某件事的结束可能感觉像是经历过一次死亡。去其他地方或尝试新事物意味着不确定性，风险。决策是痛苦的。这将是一个艰难的决定，因为没有人可以向你保证下一个地方、下一次尝试的结果会更好。但可以肯定的是，在同一个地方一遍又一遍地以同样的方式做同样的事情有些糟糕，实际上也可能是一种怯懦。

无论一个人来自墨西哥、叙利亚还是斯里兰卡，或者他们是从失败企业的废墟中，从过气的曾经成功的利基市场中走出来，都没有关系。他们是否严格遵守法律，还是做事滴水不漏，这也不重要，重要的是他们正在做事。他们能够控制发生在他们身上的事情，而不是被控制。他们正在下一个大的赌注，一个需要真正的勇气的赌注。

我们要知道飞跃需要什么。当我们在别人身上看到它时，我们应该表示钦佩。它可以激励我们，没有任何情形会是毫无希望的。我们永远不会没有自主权。我们总能收拾好行囊勇敢地前行。

Do Your Job

做好你的工作

还有15分钟就是1805年10月21日了，霍雷肖·纳尔逊命令他的旗手向舰队发出信号，在特拉法加战役开战仪式上，他说："英格兰希望每个人都能尽职尽责。"

他要他们开始战斗，一切准备就绪，去执行他们反复操练过的任务。

恐惧给了我们太多的理由不去做这事，不能做那事，因为这太难了，太危险了，胜算太低了。命令压根没有意义，领导就应该让我负责。

勇气可以冲破一切喧嚣，它会提醒你形势需要你做什么，它还会提醒你别忘了初心是什么。

我们都在承担各自的职责：医生的职责、法官的指责、军人的职责、父母对孩子的责任、配偶对伴侣的责任……任何有潜力的人都有义务，有良知的公民也有义务。职责不应该仅仅是宣誓就职，或者不做法律禁止的事情，作为正派的人，我们应该对自己有所要求。我们的职责是做正确的事，并立刻行动。

我们不能三心二意，要带着所有的真诚和承诺，相信我们可以有所作为，我们必须这样做。

这将会非常困难。办公室的誓言可能会让你处于一个为难的处境。你会发现自己像赫尔维迪乌斯一样，被皇帝赶下台，出于职责和自尊而拒不服从。紧张的利益关系会随之出现，还伴随着批评与风险。

不过？

然后呢？

你知道当我们逃避困难的时候会发生什么吗？当我们告诉自己这不重要的时候呢？当有人玩忽职守，或者要艰难地决定是勇猛攀登还是顺势而为之时呢？其他人会因此观望等待，之后承担更高的成本。“绥靖”和“拖延”的历史事实告诉我们：这笔账迟早要算，连本带利。

我们可以选择不去履行职责，但同时我们也知道，实际上我们没有选择。或者说，我们只有一种选择。

五个半小时之后，英国舰队在特拉法加海战中与法国和西班牙发生了正面冲突。这是拿破仑征服欧洲计划的高潮，这也是历史上最艰苦的海战之一。

纳尔逊本可以在安全的地方观战，他在之前的战斗中已经失去了一只手臂，这样做会更加谨慎。但是战况焦灼，他需要近距离指挥。此外，指挥官应该同士兵一样英勇，承担同样的风险。因此，他在船的甲板上踱步，不惧怕危险，下达命令并随时做出调整。他全神贯注、倾其所有对付敌人。

然而，一颗子弹击穿了纳尔逊的脊椎。

他被转移到甲板下面，留下了人生的最后一句话：“感谢上帝，我履行了我的职责。”

我们都应该为这样的想法而感到自豪。“只要勇敢行事，任何危险都能克服。”约翰·肯尼迪说。

正是这些人接受了召唤，履行了他们的职责，塞尔皮科才勇于直面他的同僚；南丁格尔挑战了她那个时代的官僚主义和冷漠；罗斯福和布克·华盛顿一起猛击了种族主义。

丘吉尔坚持不懈，他拉拢盟友，他拒绝投降，最终他拯救了英国。像纳尔逊一样，他相信“时空中以及时空之外正在发生某些事情，无论我们喜不喜欢，这都意味着责任”。

命运在召唤，有人回应了，还有很多人正在响应，而你呢?

You Can Beat the Odds

你可以战胜困难

这是他自己设计的解决方案，但这并没有使困难更容易解决。

朝鲜军队进入了南方并迅速击溃了韩国军队。在日本坐镇的战区指挥官道格拉斯·麦克阿瑟将军有些猝不及防。在联合国的支持下，他向韩国派出大批部队，但也仅能勉强维持。

首尔沦陷，美军被步步紧逼，最终被困在所谓的釜山环形防御圈，并奉命“与阵地共存亡”。

胜利的希望渺茫，除了麦克阿瑟，每个人都心灰意冷。

他有了一个想法：在距离韩国海岸约150英里的仁川港发起两栖登陆，在对手的身后登陆。他相信，奇袭可以扭转战局。

但潮汐问题是很大的挑战。如果你要设计一个港口来阻止入侵，那么很难有比仁川更好的选择了。它有你所能想象到的所有地理屏障——泥滩和满是岩石的海岸。这个没有海滩的港口如被混凝土海堤和码头所包围，在退潮时就是一个潜在的杀戮场，在涨潮时也有危险的离岸流把你引进水下坟墓。每个月只有两天可以进入，每次也只有几个小时……这还是在它没有被埋设地雷的前提下。

每个人对此都有保留意见。

不过麦克阿瑟没有。他大步走到黑板前，用法语写着："De Qui Objet？"——目标是什么？要给对手一次突袭，给他们施加压力。他在地图上圈住了港口。"那是我们应该登陆的地方，仁川——直逼要塞。"他说，他们不应该听从"恐惧的建议"，这是意志力和勇气的问题。

他的上级审查了这次行动。他们并不是很满意。"这次行动并非不可能，"海军中将告诉麦克阿瑟，"但我不建议这样做。"

这本该令人沮丧。然而，麦克阿瑟却非常兴奋。他们告诉他还有机会，这就是"不是不可能"的意思。无论是 1% 的机会还是 0.0001% 的机会，勇气需要听到的声音只有一种，那就是可能性。

任务艰巨？可能性不大？这都不重要。

偏巧，"绝对不可能"正是麦克阿瑟喜欢这次机会的原因。"朝鲜人会认为仁川登陆是不可能的，"他说，"我可以让他们措手不及。"艰难但并非无法克服，障碍是勇敢者赢得惊人胜利的绝佳机会。

来自华盛顿的安全委员会指出各种"现实"状况，没有一个能说服麦克阿瑟。他记得父亲的话："道格，战争委员会滋生胆怯和失败主义。"他自己估计的胜算可能是 1/5 000。

这就足够了。“我几乎可以听到命运秒针的滴答声，”他说，“我们必须立即行动，否则我们只能坐以待毙……仁川一定要成功，它将拯救 10 万条生命。”

1950 年 9 月 15 日，火炮开启了登陆的序幕。只用了几分钟的时间，大约 13 000 名海军陆战队员完成登陆。麦克阿瑟上岸后做的第一件事就是呕吐。不过，他做到了，他排除了万难。运气偏爱有胆识的人。①

如果人们没有勇敢地挑战困难，我们会在哪里？如果每个企业家、活动家和将军都听信了预言，这个世界将会是什么样？如果每个肿瘤学家都只相信诊断报告，那么不会有病人得救。如果在第四节的时候，每支球队都认为他们被击败了，那么就永远不会有机会上演逆转奇迹。如果每个皇家空军飞行员都看到 1940 年的数据，每架次都有 1/10 的概率机毁人亡，那么英国就永远不会有任何翻盘的机会。

如果我们只做我们确信的事情，如果我们只在有利可图的情况下行动，那么将永远不会创造历史。平均数（averages）与曾经发生的一切都是相悖的——这就是我们称其为平庸（mean）② 的原因。

我们必须记住，这些民意调查、估算、统计模型都是静态的。它们无法预测、无法解释的是每个人都有自主权。是人们让事情得以发生，人们没有简单地坐等事情发生在他们

---

① 值得注意的是，6 个月后，麦克阿瑟将被毫不客气地撤职了，他被成功冲昏了头脑。记住：勇敢不是轻率。当你在拿别人的生命赌博时，这就不是勇敢了。

② mean 有平均数和平庸的意思。——译者注

身上。

这些都是勇气的表现。事实上，没有勇气不是有赔率的，没有勇气不是冒着失去的风险的——失去工作、失去比赛、失去交易、失去现有的生活。如果每件事都是确定的，那勇气从何谈起呢？

你必须意识到你不是平均数。你永远都不是，你只是其中之一。你总是有能力克服困难。

如果这些你都不信，那么你是否被提醒过，你的存在就是最不可能发生的事情？一些科学家估计，你出生的概率为四百万亿分之一，而实际上这还是被低估了。考虑一下发生的这一切，你的父母相遇，你存活了下来，而此时此刻你出现在这里，思考你要开始做点什么。你不只是一个奇迹，你是一系列不可能的奇迹中的一个。是的，说的就是你。

很少有成功是不受阻碍的，这会阻止你吗？你要让统计平均值告诉你什么能做什么不能做吗？你会让他们吓到并说服要如何安全行事吗？或者是根本不用？这不是生活的秘诀，不是伟大的秘诀，也不是善良的秘诀。

当然，你不能因为有困难而忽视危险，特别是当其他人依靠你的时候。正如我们所说，那些不断地“赌上整个公司”的企业家最终会破产。他可能会走开并再次赌博，但员工们会因此受到打击。

尽管如此，我们不能逃避，我们必须足够勇敢去克服困难，但只有在真正有机会成功的时候才值得尝试。当我们没有选择时，反而很少敢去尝试。

Make Them Proud

令他们骄傲

马尔库斯·波尔基乌斯·加图[①]勇敢地面对死亡，他在战场上的最后一句说的是他父亲的名字。

小加图的女儿波西亚因密谋反对恺撒被判处死刑，她死前的遗言是“我是加图的女儿”。

他们的父亲树立了榜样。他们不会让父亲失望，他们会继续战斗下去。

虽然我们没有继承这样一个著名的血统，不像加图的孩子们那样下定决心、不被收买，但我们仍然是有着悠久而辉煌传统的后代。换句话说，我们也是加图和所有其他英雄的继承人，如果没有他们，我们今天就不会在这里。

那么我们有什么理由让他们失望呢？正如朗费罗所写：

伟人的生平启示我们：

① 马尔库斯·波尔基乌斯·加图（Marcus Porcius Cato Uticensis，前95—前46），又称小加图，是罗马共和国末期的政治家和演说家，也是一个斯多葛学派的追随者。他因为传奇般的坚忍和固执而闻名。——译者注

我们能够生活得高尚，

而当告别人世的时候，

在时间的沙上留下脚印。

现在，在这个困难时期，无论是个人的、职业的，还是政治上的，我们都可以从历史中寻找力量。我们可以让那些伟大的事迹和鼓舞人心的话语增强我们的决心，坚定我们的承诺。

当苹果公司偏离其创新和特立独行的根基时，史蒂夫·乔布斯正是使用这一策略让公司重回正轨的，他说："记住你自己是谁的一种方式，就是铭记你的英雄们是谁。"

对你来说那也许是耶稣，他拒绝逃亡，勇敢地走向十字架。也许是奥迪·墨菲①，美国历史上获得荣誉最多的士兵。他爬上那辆燃烧的反坦克装甲车，用它的 M2 重机枪（五零机枪）打了一个多小时，阻挡住了敌人向前推进的步伐，即使在受伤之后，也绝不让他们前进一英寸。他守住了树林，一直等到了援军的到来。也许是穆罕默德·阿里，冒着一切风险反对越南战争。也许是弗洛伦斯·南丁格尔，超越了她的父母，超越了时间的限制，开启了一个新的世界。

哈里·伯恩斯不想毁掉他的政治生涯，他的单亲母亲需要他的支持。最终，他的母亲不仅不是负担，反而鼓舞了他。为了她，他做了正确的事，即使这对她有些风险。对于我们的

① 奥迪·墨菲（Audie Murphy，1926—1971），是一位在二战中表现杰出的美国大兵。他身高仅 165 厘米，体重 50 千克，却是二战时期美国授勋最多的军人之一。战后，他也成了一位著名的电影明星，44 部电影中都有他的身影。

家庭也是如此。我们向前出发，我们挺身而出，因为我们想让家人为我们自豪，我们不会背叛他们。

英勇的前辈和祖先大都已经离我们而去，但他们的榜样力量是否重回到我们的身边呢？对于他们英勇事迹的记忆，难道没有在我们的脑海里回荡，随时为我们所用吗？

在最黑暗的时刻我们求助于他们。每当我们感到自己动摇时，他们是我们随时可借助的勇气。想想那些在你之前勇敢地生活着的人们，想想你与他们的联系。

“你有一个勇敢的祖父，”塞涅卡的父亲写道，他希望能激励自己的孩子和孩子的孩子们，“请确保你们更加勇敢。”

想象一下，你的祖先，你的血统和你的勇气来源，他们就站在这里，注视着你，保护着你。提醒自己此时此刻他们会做些什么，你不能让他们失望。

要再勇敢一点，立即、马上，在这个决定性的时刻。

When We Rise Above Ourselves ...

当我们超越自我时

人被动机驱使，被价值观吸引。

——维克多·弗兰克尔

如果说勇气有某种不合情理之处，那就是很难解释清楚它的利他主义，它的大公无私。事实上，进化心理学家、生物学家和戏剧家多年来一直在试图弄懂它。

历史学家T. R. 费伦巴赫观察到："人类的愚蠢比人类的勇气更容易解释。"

勇气有明确的回报。一个人冒险是因为他们希望得到回报，这是其他人做不到的。但是牺牲自己呢？为某事鞠躬尽瘁呢？这源于勇气，源于英雄主义。勇气的最高形式，体现在那些愿意为别人付出或者是奉献一切的人的身上。

曾经有一位特别胆小的领导，站在一座军人公墓里，望着几个世纪以来在国家战争中丧生的人的坟墓。他说："我不明白，这对他们有什么好处？”当大多数人问这个问题时，是出于谦卑和敬畏，他们希望了解一种不可思议的现象。但对于凡事用交易来衡量的、懦弱的和自私的人来说，这真的是他们的困惑。为什么会有人为了别人放弃自己的生命？这算什么交易？

人们自我保护的逻辑非常强烈，尤其是那些非常务实的人。这时候需要一个更强大的自我来打破它。这是一个奇怪的悖论：没有强烈自我意识的人不太可能勇敢，但最高境界的勇敢却需要无私奉献，在某些情况下甚至要牺牲自己。这到底是如何发生的？或许我们无法用言语来解释。也许在它发生的那一刻，它就超出了我们的理解范围——就像母亲从小孩子身上抬起汽车时那超人般的壮举一样。

然而，我们知道这对于一个物种的生存是多么重要，更不用说对于一个好人了。人类最伟大的艺术是颂扬勇敢，这是有原因的，在这些英雄事迹发生的几个世纪后，他们的名字依然是试金石。

勇气是非常稀缺的，而英雄主义是勇气的一种更为罕见的形式，它是如此强大，以至于我们不敢直视它。你可以在士兵荣誉勋章的获奖感言中听到，或者在采访刚刚跳到火车前救人的英雄嘴里听到：“我只是做了任何人都会做的事。”如果这确实是真的，我们就不会这么大书特书了。

真正的英雄主义让我们感到惭愧，让我们感到谦卑。它使得我们超越理性，因为它来自某种超越理性的东西。这就是我们如此崇拜它的原因。

伟大的人牺牲的可能性很高，这是不争的事实。但话又说回来，这就是它的美妙之处，某些情形下，他们用他们的牺牲确保我们活了下来。如果我们不努力思考这种牺牲的意义，我们就会辜负他们，也会辜负我们自己。

读书笔记

第三章
英勇

世界是一片辽阔的战场，
人生是到处扎寨安营；
莫学那任人驱策的哑畜，
做一个威武善战的英雄！
——亨利·沃兹沃斯·朗费罗

如果说勇气，无论是在精神上还是在肉体上，都是冒风险的行为，那么英雄的定义就很简单了——它是甘愿为别人而自己冒险。这不仅是为了自己的利益，也是为了某人、某物、某个更大的事业的利益。这难道不是人类的伟大之处吗？在那些真正的危险潜伏、希望消失的情况下，没有人会为领导者哭泣，没有人会为逻辑学家的计算推理哭泣。他们呼唤有人行动起来，呼唤英雄——呼唤那些可以拯救他们的人，呼唤有人站出来做他们自己做不到的事情。在这个时刻，英雄进入了一个更高的境界，也许非常短暂。他们触摸着众神的脸，他们拥有雄心（megalopsuchia）。斯多葛派称之为“灵魂的伟大”。我们可以称之为勇气增强版。当戴高乐谈到法国的“伟大”时，有人曾问他是什么意思。他回答说：“超越自我的道路。”这就是超越自身的勇气，因为它是如此罕见、如此深刻，我们刚看到时它就转瞬即逝了。我们必须战胜恐惧才能拥有它，我们必须在日常生活中培养勇气，我们必须准备好把握住生活给我们的机会——无论大小。这个世界需要更多的英雄。你会成为其中的一员吗？

Going Beyond the Call ...

超越使命

希腊人并不完美。斯巴达人更不完美。

但他们不是献媚者，他们比公元前 480 年逼迫他们的暴虐、贪得无厌的国王要好得多。

伟大的波斯帝国的统治者薛西斯想要征服和报复希腊。10 年前，希腊人冒犯了他，他们傲慢地拒绝了他的使者，并挫败了他父亲的入侵，现在，他带着一支庞大的军队向希腊进军。

一些希腊城邦看到墙上的文字选择了投降。有些人收受了巨额贿赂改变了立场。希腊已经摇摇欲坠，从斯巴达到雅典、底比斯、阿尔戈斯和科林斯，它们已经处于崩溃的边缘，西方文明的整个未来都与它息息相关，而当时的他们对此一无所知。薛西斯能征服西方吗？这位被奉为神明的全能国王，是否会扑灭自由和平等的余烬，毁灭掉我们今天有幸享受的生活呢？

希腊各方努力团结起来，挣扎地做好准备，他们决定：由一支 300 名斯巴达人组成的小分队，在他们的统治者列奥尼达的率领下冲向塞莫皮莱[①]“温泉关”，尽可能地抵抗波斯人。如果他们能稳住局面，也许整个希腊会因此受到鼓舞而选择继续战斗。

“他们说野蛮人已经逼近并且马上要开始进攻，而我们正在浪费时间，”列奥尼达告诉他的士兵们，“事实是，我们要么很快杀了野蛮人，要么我们自己就被杀死。”于是，300名斯巴达最精锐的士兵开始行进。这些男人——确保每个做了父亲的男人至少有一个儿子还留在世上——穿越了大约250英里，面对的可能是战争史上最糟糕的情况。他们从几个相邻的城邦那里获得了一些援军，据统计有5 000到7 000名希腊人与一支波斯军队对抗，一些古代历史学家宣称，波斯军队的人数多达100万人。

那他们唯一的优势是什么呢？就是温泉关，它是爱琴海附近的一条狭窄的沿海通道，可以抵消薛西斯的压倒性进攻。此外，与他们的入侵者不同的是，斯巴达人是为更崇高的意义而战，他们已经做好了战斗或死亡的准备，他们希望以此保证其他希腊人继续享有自由。

“如果你了解什么是高尚的生活，”列奥尼达告诉薛西斯，“你就不会贪图别人的财产；对我来说，为希腊而死，胜过成为我们族群的唯一统治者。”

当然，历史上贪得无厌的征服者不懂这些。薛西斯做的第一件事就是试图贿赂斯巴达人。这对一些较弱的城邦奏效

---

① 塞莫皮莱 (Thermopylae)，希腊东部的一个多岩石平原，古时曾是一山口。——译者注

了，因为对于薛西斯而言，如果他处于同样的位置，肯定也会被诱惑。

不过列奥尼达是大力神赫拉克勒斯的后裔。他会采取简单的选择吗？为了自己的利益而出卖他人？通过背叛来提升自己的地位？列奥尼达回答说："希腊人从他们的祖先那里学会了如果想获得土地，要靠勇气，绝不是靠懦弱。"

他选择了美德。他选择了勇气。

有了这种想法，不仅是因为勇敢，还有对比自身更伟大之事做出的承诺，这让希腊人相信这件事值得一试。"你怎么可能冒这么大的风险以少敌众呢？"一位盟友问列奥尼达。"如果你们认为我的信心来源于数字，"他回答，"那么整个希腊加在一起都不够，数量很少；但如果谈论男子气概，那么这个数字就很大了。"所以当薛西斯要求斯巴达人交出他们的武器时，他得到了简洁的回答："过来拿走他们。"

4 天来，仅仅是与斯巴达人缠斗就已经让波斯人陷入了困境。在 8 月 18 日的某个时刻，突袭开始了。一排又一排的波斯士兵冲向希腊阵地。在那里，他们在岩石间交锋，斯巴达人步调一致地战斗，不仅是为了他们的国家，同时，就像真正的英雄一样，也是为了他们身旁的战友。

第一天快结束的时候，薛西斯命令他最可怕的士兵——一万名精锐的长生军[①]进入关隘。一个斯巴达人告诉列奥尼

① 长生军（Immortals），公元前 549 年居鲁士大帝建立波斯帝国时依靠的一支核心部队，包括精锐步兵一万人，号称"长生军"。所谓的长生军就是长生不死军，每个军阵一万人整，每死一人就从后方补充一人，军阵因此长生不灭。——译者注

达，长生军就在附近。列奥尼达向他保证："是的，而我们也在他们附近。"令薛西斯惊恐的是，经过3次痛苦的无力进攻，这支精锐部队也被击退了，而且损失惨重。

从第一天到第二天凌晨，波斯士兵血流成河。列奥尼达并没有被胜利冲昏头脑，他一直都知道，不管是否能有增援的城邦，这都是一个没有退路的任务。不过他没有退缩，他在争取时间。这个时候，其他希腊城邦仍在犹豫是投降还是抵抗，他希望他的牺牲能够唤起希腊人的勇气。列奥尼达率领士兵继续战斗，第二天和第一天一样残酷。

到了第三天，波斯人显然已经找到了从后面偷袭的方法。列奥尼达收到关于敌军力量的探报警告：薛西斯的弓箭手会射出足够多的箭来挡住太阳。"那我们就在阴暗处战斗。"列奥尼达回答。他命令他的手下好好吃饭，因为这有可能是他们最后的晚餐。他试图选择三名受伤的人携带着消息返回斯巴达，暗中希望能保住他们的性命。对于这些男人而言，他们拒绝了这张免死金牌。"我随军而来，不是为了传递信息，是为了战斗。"第一个人说。第二个人说："如果我留在这里，我应该会成为一个更好的人。"第三个人说："我不会做后援，我应该战斗在前线。"

无声无息中，斯巴达勇士们静静地站好列队。在前一天的战斗，谁没有受过伤？谁不是筋疲力尽？谁不为自己的孩子着想？谁没有思考过他们背后的国家？

九点钟，太阳已经升起，热浪随之而来。全身盔甲的他们满头大汗。他们斗志昂扬，他们誓死捍卫国家。他们可能再也见不到斯巴达和他们的家人了。

列奥尼达下令前进。他们走出岩石大门的保护，在空旷的地方迎战敌人。在最后的战斗中他们损失惨重，波斯军队疯狂地向他们袭来，奴隶军团从后面鞭打他们，士兵们前赴后继，不断踩踏着受伤和倒下的战友，无休止的人潮一排接着一排涌来。

斯巴达人有条不紊地向前推进，和以前一样勇猛，有时甚至假装队伍溃散，让波斯人冲上前去，然后组队攻击他们，每一次都会响起一阵欢呼。在这短暂的时刻，非凡的勇气正是斯巴达士兵共同的美德。这些人超越了自己，他们表现出了几乎超凡脱俗的卓越战斗能力。斯巴达人知道，他们知道，这就是斯巴达精神。

他们永远不会变老。很快，勇士们一个接着一个倒下了。

列奥尼达在最后一天的战斗中战死，这让他长期以来相信的一个预言成为现实，即斯巴达国王必须赴死以免希腊被入侵者摧毁。他的手下冲了出去，一次、两次、三次，他们试图抢回他的尸体。第四次的时候他们成功了。然后他们回去继续战斗。

他们的长矛已经无法使用，增援没有到来。这是最后的时刻了——这个声音传遍了整个队伍，他们退到了城门口。在这里，他们用剑完成了最后的战斗，当剑也不知所踪的时候，他们就用双手、用牙齿。

最终，他们全军覆没。这是三天的战斗，加上之前的四天，他们为自己的国家争取了一周的宝贵时间。这让薛西斯损失了大量的兵力，这对薛西斯来说是前所未有的状况。更重要的是，这无疑动摇了他的信心。“希腊还有多少斯巴达人？”他问他的一位顾问，“他们都是这样战斗吗？”他得到的回答是还有数千人，不过没有一个能与这些阵亡的战士相提并论，但他们都一样擅长战斗。

希腊众城邦也深知其中的利害关系。没有人能否认斯巴达人做出的努力，没有人能够在被感召的时候不去尽一份自己的力量。

几个世纪后，丘吉尔指出英国皇家空军在不列颠之战期间，为英国提供了令人难以置信的防御。“以少救多，受恩者众，在人类历史上，前所未有。”这话并不完全正确，因为即使从感谢少数人的角度，也首先要感谢这300名斯巴达勇士。毫不夸张地说，如果没有温泉关的牺牲，西方文明的所有成就，从文艺复兴到美国革命，都不会发生。

因此，那300名斯巴达勇士做出的牺牲，葛底斯堡战役士兵的英勇奋战，还有英国皇家空军的行为，都大大超越了人的本身，他们几乎是像神一样的存在。

“自由不是免费的”似乎是有些令人反感的陈词滥调了，然而这是事实。温泉关的光荣战败给希腊人带来了在萨拉米斯和普拉提亚战役的胜利。《大宪章》[①]、《独立宣言》、联合国，

---

① 《大宪章》（*Magna Carta*）也称《自由大宪章》，是英国封建时期的重要宪法性文件之一。1215年6月15日，金雀花王朝国王约翰一世（1199—1216年在位）在大封建领主、教士、骑士和城市市民的联合压力下被迫签署。该文件把王权限制在了法律之下，确立了私有财产和人身自由不可被随意侵犯的原则。——译者注

所有这些都离不开温泉关的斗争。人人都爱自由，却又有很多人滥用自由。在那场战役里，那些并肩作战的父亲赢得了胜利，他们深知他们不可能活着看到自己的战果，就像是你现在坐在树下乘凉，而这棵树也是很久以前关爱未来的人们种下的一样。

他们没有去询问理由，他们只是去战斗，并为此献身。正如战场上古老的铭文所写："异乡人啊，你若到斯巴达，请转告那里的公民：我们阵亡于此地，至死犹恪守誓言。"他们勇敢和无私的精神永存。尽管他们都没有幸存，但事实证明，他们比杀死他们的波斯军队更为不朽。

温泉关战役纪念碑

史蒂芬·普雷斯菲尔德[①]写了关于这场战争的史诗般的历史小说《火之门》(*Gates of Fire*)，时至今日，这本书仍在人们手中一代一代地传递着，作为对这一历史事件的致敬。这本

① 史蒂芬·普雷斯菲尔德（Steven Pressfield），美国历史小说、非小说和剧本作家。——译者注

书提出了一个核心问题：恐惧的反面是什么？仅仅靠征服或消除恐惧是不够的。在写这本书时，普雷斯菲尔德想知道，就像斯巴达人所做的那样，在行为之外还有什么。如果恐惧是恶习，那美德又是什么？这不仅仅是勇气，因为你也可以出于自私的原因而勇敢。跳出飞机的时候你必须要克服恐惧。当然，如果你这样做仅是为了好玩，就真的那么有意义吗？

温泉关的壮举不仅出于男人和他们的臂膀，还有他们的妻子们。她们不仅支持丈夫去战斗，她们的勇气和钢铁般的自律也构成了国家的脊梁。斯巴达女性的坚韧和无私就是一个传奇。当一位斯巴达国王在一场恶毒的政变中丧生时，他的母亲冲向他的尸体；当凶手提出只要她保持安静就可以放过她时，她站起来反抗他们，并伸出了她的脖子，最后说："愿这颗头颅只为斯巴达服务。"

我们错误地认为斯巴达人仅仅是战士，他们只是勇敢的战士。但正如普雷斯菲尔德总结的那样，恐惧的反面，与恶习形成鲜明对比的真正美德，不是无所畏惧。恐惧的反面是爱，是对彼此的爱，是对理想的爱，是对国家的爱，是对易受伤害的人和弱势群体的爱，是对下一代的爱，是爱所有人。当我们知道了列奥尼达在临行前含泪对他妻子说的最后一句话时，难道我们的心头不会感到一震吗？——"嫁给一个对你好的男人，给他生个孩子，好好生活。"

正是这种极大的、深入骨髓的爱，让一个人超越了对自我的保护，实现了真正的伟大。在没有任何希望的情况下，保护其他人免受子弹伤害，或者冒着失去工作的风险为共同的利益辩护，抑或是为了希望，为了你知道是正确的事业而斗争。

弗洛伦斯·南丁格尔温柔地关心着病人们的痛苦；戴高乐为保护法国而奋力拼搏；温泉关的斯巴达人超越了这些，他们真正无私地付出了一个人所能付出的最大努力。当然，并非所有的无私都需要最终牺牲自己，但没有牺牲不是出于无私。他们做出的牺牲令人难以置信，尤其是他们所做的一切不是为了他们自己或仅仅是他们自己的人民。如果列奥尼达愿意，他本可以活下来。他和斯巴达人本可以统治整个希腊。尽管这样，他还是毅然赴死，这样所有的希腊人都能享有自由，这样我们都可以自由。

如果说勇气是难得的，那么英雄主义就是极度濒危的。如果勇气本身是不合常理的，那么这种更高层次的爱，真正无私的爱，就是疯狂的。它的庄严令人费解。这才是人类真正的伟大，它超越了理智，超越了我们的自身利益和数百万年人类生物学的规律，这样才能在更高的维度找到栖身之所，无论多么短暂。

在斯巴达人身上我们看到了这一体现，我们应该记住他们是英勇的化身。他们代表了那个时代无数没有名字的反抗者的勇气，代表了那些在审判中作证并面临报复的人，代表了为登记投票而被殴打的人，代表了为反对强盗大亨的工会组织者，代表了那些发起救援的先驱者，代表了那些为了保证球队能继续打比赛，或家人能够有饭吃，经受了有可能终结职业生涯的伤痛的运动员，这些都是“伟大灵魂”[1]的无私时刻。

我们愿意对陌生人、对必须做的事情付出的我们的努力，这充分展示了我们的奉献精神，让我们达到更高的境界。这将使我们从勇者变成英雄。也许是一瞬间，也许只是一个人，也许是被永远载入史册。

---

① 伟大灵魂（megalopsuchia），希腊语，亚里士多德在诸德性之上提出的一种特别的德性，在英文中没有与之严格对应的词，通常译为 magnanimity——高风亮节。——译者注

The Cause Makes All

发心成就一切

当高客网受到来自彼得·蒂尔的缓慢而持续的神秘力量的压制时，编辑们变得有些绝望。他们需要产生更多的流量，他们想证明他们超越个人隐私的行为是善意的。但他们也能感觉到时代发生了变化。尽管如此，他们仍然没有被追究责任，这让他们相信自己是无敌的。

2015 年 7 月，引爆点来了。该网站讲述了一名有两个孩子的同性恋媒体高管被一名男伴勒索的故事。这样的内容其他媒体都不敢涉及，而高客网过去曾多次匆忙刊载这样的故事来取悦读者，而这只是其中之一。但现在有些不同了，迫于财务压力和公共关系，高客网的管理者删除了这个故事。他试图向员工解释他们与公众能接受的东西已经偏离过远，以及如果他自己作为同性恋者，能接受的底线是什么。

因为抗议管理层对内容的干预，该网站的两名编辑选择了辞职。他们不能接受雇主质疑他们的内容，他们不打算去反省自己，而是宁可失去工作也要坚持他们的原则。

有一点我们是可以认同的，即为了坚持自己的原则而辞职，为了一个故事而毁掉自己的事业是需要勇气的。但对于任何有道德标准的人来说，刊登这样的故事是一个错误的行为，是一个从一开始就不应该做出的选择。

当然，真正勇敢的事莫过于可以时常对镜反思自己的所作所为。但他们不仅做不到，他们还要加倍下注，赌上他们的工作。

这当然需要勇气，但正如一位法国将军看着轻骑兵不加思考地、不必要地走向死亡时所说的那样，这太悲壮了……这太疯狂了。事实上，整件事都是疯狂的。谁还记得克里米亚战争是关于什么的？没有人真正知道。

编辑的独立性很重要。但是做什么？为什么做呢？

高客网的编辑不可能告诉你。

希腊城邦中有许多勇敢的士兵。参与印度和非洲战争的英国军队也有很多勇敢的士兵。日本保卫它在太平洋上占领的岛屿时，也有很多勇敢的士兵。

你读到了他们的一些事迹，你会惊讶得目瞪口呆。

然而，凭直觉你也知道这种勇气是虚幻的，是没有灵魂的，因为他们为之奋斗的东西本身就是懦弱和错误。

正如诗人拜伦所说：

发心成就一切，
坠落时勇气降低或升华。

勇气不是只独立地做一件好事。成为英雄是有原因的。如果做事只是为了自己，那还有什么意义？如果勇敢只是玩弄小把戏或者彰显虚荣心，那还有什么分量？从不质疑就选择服从吗？如果做错了又如何呢？

约翰·肯尼迪在他的《勇敢的档案》(*Profiles in Courage*）一书中强调了埃德蒙·罗斯[①]的政治立场，他脱离他的政党队伍并投票反对弹劾安德鲁·约翰逊[②]。那本书的所有章节现在看来已经过时了。那时候罗斯是维护白人至上主义的，孤军奋战总是相当的困难。罗斯开创了一个先例，抵制当时一项有争议改革的通过——第一次弹劾现任总统，非常糟糕的是，这让此后罢免表现恶劣的总统变得异常困难。

首席执行官不遗余力地推进滥用资源和有毒害的业务发展。反接种疫苗者冒着被责骂和患病的风险反对大众的共识。在一场缭乱大胆的政变中独裁者夺取了政权。当一名警官因推倒布法罗的一名老人而受到惩罚时，警察集体辞职来声援这名警官。士兵们因拒绝在美莱事件[③]之后指证威廉·卡利上校而被拘留。

这种勇气是空虚的勇气。

正如美国海军学院的一名教官所解释的那样：扑向一枚

---

① 埃德蒙·罗斯（Edmund G. Ross，1826—1907），美国内战后代表堪萨斯州的政治家，曾任新墨西哥州州长。作为第七位与他的政党决裂的美国共和党参议员，他的决定将导致时任总统定罪或无罪。他选择了支持约翰逊无罪，故约翰逊以一票的优势继续留任。两年后，罗斯失去了竞选连任的机会。——译者注

② 安德鲁·约翰逊（Andrew Johnson，1808—1875），1865 至 1869 年担任第 17 届美国总统，曾是亚伯拉罕·林肯的副总统，林肯遇刺后继任美国总统。约翰逊是民主党人，是林肯的竞选搭档，在南北战争结束之际就职。——译者注

③ 美莱事件，也叫美莱村惨案，是越战期间美国陆军官兵于 1968 年 3 月 16 日对越南美莱村的男女老幼进行的一场惨绝人寰的屠杀。——译者注

手榴弹——这种英勇行为，只有当你必须完成某事、拯救某人时才有意义。原始的勇敢和真正的英雄之间的区别在于，它是为了谁？真的是无私吗？还是为了更大的利益？ 英雄主义是有内在逻辑的，正如其不顾自身安危的不合理逻辑。

西塞罗写道："斯多葛派认为只有在捍卫正义事业的前提下，勇气才被定义为美德……没有一个背信弃义的人可以被称为勇敢，进而赢得声誉。"

勇敢是好事，世界的确想知道你是否足够有胆量。

但原因、地点和时间都很重要。

发心成就一切。

The Braver Thing Is Not to Fight

更勇敢的是不去战斗

林肯赢得了南北战争。

但他一开始为阻止整件事所做的努力并不够，这让他没有得到更多的信任。[①]

尽管他在民主选举中公正地取得了胜利，尽管他一再保证他无意超越他的宪法权利，但南方还是在他宣誓就职之前就退出联邦。

他在第一次就职演说的结尾说了什么？他召唤每个人心中的善良天使。“我们不是敌人，而是朋友，”他热情地说，“我们不该互相敌对。虽然激情可能随时逝去，但这不会破坏我们的感情纽带。”

而当南方开始围攻联邦要塞和堡垒时，林肯始终维持着必要的底线。他不会生气，也不会被激怒。即使在南卡罗来纳州萨姆特堡的对决中，林肯也选择只向被困人员运送急需的食物和补给，而不是枪支或部队，因为他不希望将不可置信的紧

① 同样值得赞扬的是英格兰的阿尔伯特亲王，他在他生命的最后几天将英国排除在美国内战之外（这很容易导致一场世界大战）。

张局势再度升级。

不需要发生的对抗，就不应该发生。痛苦、不适、担忧，这些都需要勇气去忍受。智慧和慈悲不仅使我们在不必要的时候有义务避免它们，还要努力保护其他人免受它们的伤害。这就是为什么英雄们会像自己身处罕见冲突中一样，努力阻止冲突。

甘地曾说过他宁愿选择暴力也不愿选择怯懦。他和其他非暴力人士选择的是更加宏大的英雄之道。在没有武器的情况下战斗，用自己的灵魂和精神与武装和愤怒的敌人战斗需要更大的勇气。想象一下年轻的马拉拉·优素福扎伊的勇气，她为了争取上学的权利而成为塔利班攻击目标并遭受死亡威胁。“即使我手里拿着枪，而他站在我面前，”她说，“我也不会开枪打死他。”

这难道不比最强悍的战士更强悍吗？

问题是，这种英雄主义通常不像骑兵冲锋那样具有电影感。人们想读关于战争的书，而不是阻止它们发生时采取的外交手段。人们想听听先行者的故事，而不是那些不需要英雄出手相助就可以从内部有效改革公司的事情。我们制作的电影，讲述的是那些做事与众不同的勇敢的偶像破坏者，而不是那些能够融入社会并有所作为的人。

记住：没有人会因为未曾发生的事情而受到赞扬。我们可以想想罗斯福以及他如何应对大萧条。他真正的成就是进行了改革，有效地阻止了未来的无数次萧条，在改革中找出金融诈骗和操纵市场的罪魁祸首，这样的改革即使在今天也仍然在幕后悄悄地进行。

一个国家应该有勇敢的士兵（身体的勇气）和睿智的政治家（道德的勇气）。一个负责战斗，另一个负责改善地区关系和调整政策，并设法减少战争的可能性。我们需要将军，也需要出于良心拒服兵役的人[①]，因为他们都是勇敢的人，他们在用自己的方式为伟大的事业战斗。

正如我们所说，半吊子不是勇气。提到“男子气概”（macho）通常是在谈论受虐狂（masochism）的时候。好战并不是勇敢，玩俄罗斯轮盘赌[②]也不会给人留下深刻的印象。为了实现不道德的目标赢得一场战斗（无论是身体上的还是口头上的）没有一丝荣耀可言。没有什么比挑起不必要的冲突更不道德的了。

是不是正确无关紧要。丢不丢脸面也不是什么大事。有人会因为丢面子死去吗？有人会因此失去名誉吗？未来是否有更好的决策能够解决这个问题？如果有人愿意让对方挽回面子呢？如果你就是那个人呢？

这些都是关于英雄的问题。如果可以避免就应该及时避免。俗话说，谨慎是更伟大的英勇。

说它更伟大，是因为谨慎需要勇气，一个人必须愿意看起来很愚蠢，愿意接受批评，能够接受打击，做他们认为是正

---

① 也叫良心拒服兵役者（conscientious objector），是指由于思想自由、个人良心或者宗教信仰等道义理由，而拒绝履行军事服务的个人。通常来讲，良心拒服兵役者这一情况只会存在于征兵制中，而非志愿兵役制中。——译者注

② 俄罗斯轮盘赌（Russian roulette）是一种残忍的赌博游戏，即在左轮手枪六个弹槽中放入一颗或多颗子弹，任意旋转之后关上转轮。参加者轮流把手枪对着自己的脑袋，扣动扳机。——译者注

确的事情。不是每个人都能做到这一点。正如女权活动家和女权主义者汉娜·约翰斯顿·贝利所解释的那样：“一个男人没有为和平祈求的道德勇气，因为他害怕会被指责为软弱或懦弱。”这就是林登·约翰逊在越南陷入的窘境。他知道这是一个注定失败的计划，但他不想显得软弱。

贝利认为女性具有避免这种情况的独特优势，这是为什么呢？

也许是出于同理心。与其是考虑这会让她们看起来如何，她们更愿意做一些英勇、无私的事情，同时会考虑这对其他人会产生什么后果。

如果你做事情是出于恐惧或自私的考量，你就缺乏同理心。你会发现自己陷入了“升级陷阱”。没有人会赢得战争，无论是真正的战争还是其他战争。孙子兵法说上策是不战而胜——“不战而屈人之兵”。

这才是正确的做法。

实际上，这就是林肯期望的结果。尽管他做出了英勇的尝试，他仍旧无法阻止那些宁愿“发动战争而不是让国家存活”的人。他没法通过克制，让作为侵略者的南方成为南北战争中无法获胜的一方。南方领导人声称他们是受害者，却在战争中愚蠢地开了第一枪，这是他们无法克服的道德两难[①]。

---

① 道德两难是伦理学中表示道德冲突和道德困惑的用语，指人们面对复杂的道德情境和交叉性的道德价值网络时往往很难分清主次，无法选择或选择任何一种方案都无法满足自己道德上的需求。它常常是同一道德体系内不同道德原则、道德要求之间冲突的集中反映。——译者注

最为重要的是，南方没有意识到他们必然会被淘汰的事实。他们缺乏资源，缺乏战略眼光，缺乏击败北方所需的盟友和国际支持。他们不了解这次战斗的破坏性和将要付出多大的代价。南方在战争一开始就掌握了主动权，而林肯一直在冷静地收集这些能够推动他取得胜利的关键要素。

是的，我们必须愿意谈判，我们必须愿意妥协。但是绝不会选择逃跑。我们要避免小题大做，我们要为更重要的事情做好准备。当南方最终引发了战争，林肯和几代人之后的丘吉尔、戴高乐一样艰苦地战斗。他拼尽全力，就好像我们必须拼死一搏一样。

你如何画圆为方？什么时候后退？什么时候冲锋？

无论是身体上的战斗还是道德上的战争，我们都应遵循莎士比亚在《哈姆雷特》中关于“做真实的自己”的著名建议：

> 谨防
> 进入争吵，但身处其中时，
> 要忍受反对者对你的提防。

You Must Go Through the Wilderness

你必须穿越荒野

塞涅卡被流放，爱比克泰德也有相同经历。20世纪德裔美国政治哲学家汉娜·阿伦特被盖世太保逮捕，入狱8天，之后被流放了7年。伽利略断言地球围绕太阳旋转并拒绝撤回这一说法，于是在软禁中度过了余生，实际上如果当时他撤回该言论也没有人会因此责备他。

埃莉诺·罗斯福年幼时被父母送走，之后在丈夫的阴影下生活了数十年。赫尔曼·梅尔维尔[①]遭到评论家的猛烈抨击。史蒂夫·乔布斯被苹果公司解雇。查尔斯·达尔文在发表他的进化论思想之前，在炼狱般的忍耐中度过了二十多年。

你认为你所做的一切都不会被喜爱和欣赏，是吗？

如果我们可以珍惜我们的英雄，如果我们为我们的创意天才铺上红毯热烈欢迎，那就太好了。而真实情况是，我们让他们经历了挑战，我们折磨他们，我们把他们赶走。

---

① 赫尔曼·梅尔维尔（Herman Melville，1819—1891），美国小说家、散文家和诗人，也担任过水手、教师，最著名的作品是《白鲸》。——译者注

丘吉尔不仅在年轻时曾经成为战俘，在其政治生涯的巅峰时期还被赶下台。他的罪行是什么？在某种程度上是因为他对德国的看法是正确的。没有人想要另一场战争。没有人希望他说的关于希特勒的威胁是对的。因此，让他离开比证明他错了更容易。

近十年的时间里，丘吉尔在伦敦郊外的庄园里苦苦挣扎，至少他的敌人是这么想的。事实上，他一直在读书、写作、休息，他在建立有价值的连接，他在等待他的时刻到来。

丘吉尔解释说："每个先知都应该来自文明，但都必须进入荒野。他一定对复杂的社会有着强烈的感知……他必须经受与世隔绝和独自冥想的时期，这正是制造'精神炸药'的过程。"

"精神炸药"是史蒂夫·乔布斯拥有的，是埃莉诺·罗斯福拥有的，也是塞尔皮科和弗洛伦斯·南丁格尔逐渐获得的。如果他们走上一条容易的道路，他们就不会拥有这些。

你愿意被误解多久？你能独自战斗多久？你愿意成为公司中唯一一个公开发声的人吗？你想成为集体中唯一一个提出批评的人吗？为了可以继续忠于你的信仰你能够忍受什么？你能去做你需要做的事吗？

丘吉尔本可以出于自私而辞职，就像你可以随时辞职一样。1929 年，丘吉尔 54 岁，他本可以退休了。他本可以出于怨恨选择退出，回归自己的追求和快乐中。

他没有那样做。

当英格兰终于召唤他时，他不仅准备好了应答，他还为他们要求他解决的危机做好了准备。丘吉尔将是他们以及世界所亟须的“炸药”。

踏入那个孤立的危险境地？为你的信念而战？愿意为自己的信仰忍受痛苦？这些都是勇气的熔炉……也是孕育勇气的地方。很少有领导者能与他们的时代完美地同步，他们通常领先于时代。这就意味着当他们环顾四周时，他们发现自己是孤独的。这意味着在早期，达成共识的人很少，支持者也很少。

他们不能因为希望融入社会、害怕被社会排斥而不再坚持自己的信仰。

没有人想被疏远，但这很可能正是我们需要的（在一定程度上，这就是为什么我们不能让对结果的恐惧阻碍我们做日常该做的事情）。如果你是一个独立的、有远见的或有原则的人，你最终会发现自己不可避免地被疏远了，与同龄人疏远了，脱离了时代的基调。你有可能会被解雇，你可能会被赶下台或被贬低，有可能最好的情况是你被嘲笑然后被忽视。

你可以让它击溃你，或者让它塑造你，把你塑造成为使命召唤应该成为的那个人。因为你知道你正在做很重要的事情，因为你知道它比你更伟大。

戴高乐对那些不得不“穿越沙漠”的政治家们有特殊的亲切感。他本人不仅在英格兰战争期间经历了人生中最为落寞的时光（他称之为“穿越沙漠”），而且在战后也是如此。从1946年到1958年的12年里，他失去了权力，而法国则在动荡与混乱中几乎被毁灭。为了重现国家的伟大，戴高乐忍受了孤独的、无力的岁月，他蓄势以待。即使法国拒绝了他，他也从未放弃拯救法国的希望。这种拒绝和失败成了他东山再起的力量源泉。

记住：山峰之间是山谷。你可能已经从以前的高点跌落，可能摔倒，或者只是困在歧途。但现在，你发现自己在这里，这是一个低点。所以该怎么做呢？

无尽的沙漠，一个荒凉的山谷。无论以哪种方式，你都需要穿越它。你需要耐心和毅力，最重要的是要心中有爱。要让这段时间使你变得更好而不是更痛苦。

因为人们还要依靠你。

不要放弃希望，不要放弃他们。他们并不知道他们正在做什么，而你知道。你正在穿越的这片沙漠、这片荒野正是你人生旅程的一部分。

奋斗使目标变得更为荣耀，更为英勇。

The Selflessness of Love

无私的爱

1969年夏天，46岁的詹姆斯·斯托克代尔①上校经历了残酷的殴打和身心的折磨，他吓坏了，他拼命地挣扎。

他们想要给他刮胡子，让他在镜头前看起来有个人样。他们想要让他一起坐在镜头前，说被俘后一切都很好。

詹姆斯·斯托克代尔则用他们给的剃刀在额头上割了一个长三英寸的伤口。他感觉这还不够，他抓起一张木凳，砸向自己的脸，一遍又一遍，直到视线模糊。

他在“河内希尔顿”开始反抗他俘虏的身份。

他不是战俘，而是战争中的“囚犯”。他为他的部下而战，甚至要超过他的国家。

那年秋天，斯托克代尔决定要想办法制止对他的战友们持续升级的折磨。他不惜牺牲自己的生命，也要为了其他人争

---

① 詹姆斯·斯托克代尔（James Stockdale，1923—2005），美国海军中将和飞行员。1964年北部湾事件期间，斯托克代尔在提康德罗加号航空母舰上指挥空袭。1965年9月9日，他所乘坐的战斗机被击落，在河内被俘。——译者注

取权利。

斯托克代尔被绑在椅子上，他摇摇晃晃地挪动到监狱里唯一的玻璃窗前，撞碎了它。他用一大块玻璃碎片割开了自己的手腕。“那些人最不想看到的事情就是我死去，”他后来写道，“当我苏醒时，那个房间里站着一群表情严肃的高级军官。正如我们在河内所知道的那样，那天晚上监狱的酷刑结束了。”

曾经有两次，斯托克代尔把自己带到了死亡的边缘。不是为了自己的利益。他甚至不知道自己是否能在自杀尝试中幸存下来。他有妻子，也有孩子。他有自己的希望和梦想，他会因此失去很多，然而他甘愿用这些牺牲来换取别人减轻痛苦。

看守们不明白这一点。他们认为他们可以让囚犯相互对抗。他们认为囚犯们都会非常痛苦，非常恐惧，以至于不会有人太在意发生在其他人身上的事情。又回到那个老问题，如果发生在我身上呢？

正如斯托克代尔所说，他们惊讶地发现，有人可以对一个想法，一个与《圣经》一样古老的想法真诚地信仰。“这个想法就是‘我是兄弟们的守护者’，这就是‘这对我有什么好处’的另外一面。”斯托克代尔说。

爱你的邻居是一回事，而做你兄弟的守护者是另一回事吗？你愿意为他们牺牲吗？

现实中，我们却不愿为保护别人的权益发声，因为我们现在所享是我们经过努力工作才得到的。

英雄不是一个人勇敢地面对所有，英雄也不是反对整个世界，不是表达对这个世界的不满，而是你愿意为这个世界做些什么。

想想释广德[①]遭遇着与斯托克代尔相同的悲惨冲突。他对南越迫害佛教公民深感痛心和愤怒，决定做出一个更加不可思议的反抗姿态：他点燃了自己。任何人都无法不被释广德疯狂的勇气所震撼，他完全静止地坐在那里，即使火焰吞噬了他的身体，他仍旧镇定自若。

在英文里，“勇气”的词根是“心”的意思，这简直太完美了。释广德的心脏在他那令人震撼的抵抗自焚中保持完整，而且在之后的燃烧过程中神奇地完好无缺。今天，它作为舍利展示，这是反抗的象征。

是什么让一个人做出这样的事情？

这不是为自己而做的反抗，爱是其中的重要原因，对无辜者的爱，对未来的热爱，即使他们自己再也无法看到。

爱使我们更加英勇。

斯托克代尔和他的战俘同伴们会用字母U和S互相发着信号。这是什么意思？是United States——美国吗？不是，是Unity over Self——团结超越自我。当他们孤单时，当他们被拉走接受酷刑时，当他们坐在牢房里为他们在酷刑下可能说的话而自责时，他们会对彼此这样说：

---

① 释广德是一名越南大乘佛教僧人。1963年6月11日，他在西贡（今越南胡志明市）的十字路口用汽油引火自焚。他的自焚场面被《纽约时报》记者大卫·哈伯斯坦记录了下来。此举是为了抗议南越吴廷琰政府迫害佛教徒的政策。——译者注

你属于哪个统一的整体？

爱给予了你什么力量？

国家？信念？还是战友？

这就是我的另一面。这就是我们超越极限的方式。

Make People Bigger

让人更加伟大

大多数人都听说过马丁·路德·金。

很少有人听说过拉尔夫·阿伯纳西[1]，他应金的要求，放弃了牧师职位，成为民权运动的二号人物。很少有人听说过斯坦利·莱文森，他资助了金的许多工作，为他写演讲稿，当被联邦调查局诬陷为共产主义间谍时，他悄悄地、无私地切断了与金的联系，以免对民权运动造成影响。

“我不会让马丁做出这样的选择。”当他听说总统因为金与他保持关系而威胁金时，他说道。这是一个令人难以置信的痛苦打击，但他毫不犹豫地选择牺牲了自己，他做得无声无息，甚至不让他的朋友为此苦恼。

在体育运动中，有两种类型的运动员。一种是有基因天赋的，有天赋的专长和卓越的身体素质让他们在比赛场上表现得令人叹为观止。还有另一种类型的运动员，他们天赋稍差，

---

① 拉尔夫·阿伯纳西（Ralph Abernathy, 1926—1990），非裔美国人民权运动中的一位领袖、马丁·路德·金的挚友。1955 年与金一起发动了联合抵制蒙哥马利公车运动，1957 年成立南部基督教领袖联盟（SCLC）。——译者注

也不会那么令人印象深刻，但没有他们，比赛将无法进行。

这些是绿叶球员、队友、领导者，是他们将其他人团结在一起，给予球队获胜所需的信心。约翰·伍登[①]谈道，重要的不是你身高有多高，而是你上场时能发挥得多好。令人印象深刻的运动员是可以让整个球队表现得更好的人。当我们想到芝加哥公牛队时，我们会想到迈克尔·乔丹。我们可能忘记了比尔·卡特莱特[②]，这位队长是球队赢得最初的三连冠的核心人物。

阿伯纳西和莱文森让金变得更加高大，他们使金发起的民权运动更有力量。

你和你周围的人也是这样吗？

不要让你的伙伴失望——这是最基本的军事勇气。但英雄应该不止于此，伟大的本质不仅仅是天赋或技能。正如杰基·罗宾逊[③]所说，一个人如果不能对其他人产生影响，人生将毫无意义。你是那个能够让球队变得更厉害的运动员吗？是一个在场下也能支撑球队表现更好的运动员吗？是能够鼓舞身边人的领导者吗？是能够激发观众灵感的艺术家吗？还是那个

---

① 约翰·伍登（John Wooden，1910—2010），出生于美国印第安纳州马丁斯维尔，前美国职业篮球运动员、教练员，司职后卫。——译者注

② 比尔·卡特莱特（Bill CartWright），前美国职业篮球运动员，司职中锋，绰号“比尔先生”（Mr. Bill）。——译者注

③ 杰基·罗宾逊（Jackie Robinson，1919—1972），美国职业棒球大联盟史上第一位非裔美国人球员，效力于布鲁克林道奇队。1947 年 4 月 15 日，罗宾逊穿着 42 号球衣以先发一垒手的身份代表布鲁克林道奇队上场比赛，在此之前，黑人球员只被允许在黑人联盟打球。——译者注

能将冷静传染给他人的士兵?

这就是我们所说的“英雄”。

朗费罗在一首诗中捕捉到了弗洛伦斯·南丁格尔的真正英雄气概。这不仅仅是她的勇敢，不仅仅是她毫无怨言地忍受失去，而是她为人们所做的一切。

荣誉属于那些以光辉思想和平凡工作
帮助别人的人，
正是他们的奉献，
将我们于卑微处提升。

她让人们变得强大。她让他们变得更好。

站在温泉关的炽热之门[①]，斯巴达人的团结和无私使得希腊变得更强大，他们的鲜血将希腊紧紧地黏合在一起。戴高乐的批评者也不得不承认，正是戴高乐让法国能在最低谷之后可以站得更高。

我们谈到了平静是如何传染的。我们的的确确在把我们额外的能量——南丁格尔的同情心，阿伯纳西的勇气，莱文森的商业头脑——传递给了需要它的人。

这就是榜样的力量。就像丘吉尔所做的那样，我们可以说出鼓舞人心的话语，我们可以指导他人，我们可以与想要逃避困境的人交谈。我们可以满怀希望、放松心态、减轻负担、

① 炽热之门（the Hot Gates），是温泉关的一个入口。——译者注

挺直我们的脊梁。你可以决定做其他人不愿意做，而团队又需要做的不愉快或困难的事情。你可以成为对权力、对世界、对朋友说出真相的人。

请记住：多一滴就会溢出。一场比赛可以反败为胜。一人一言，可以阻止一次撤退，也能引起一场战争；可以平息暴乱，也可以激起民愤。

任何人都可以成为那个人。你可以完成那项工作，做出那个举动，或成为落下的那一滴水。

如果非要说出“鼓舞”这个词到底包含着什么，有些困难。

朗费罗谈到了时间在沙滩上留下的脚印，这有什么深意？我想，他的重点是时间最终留下了印记。

也许有个遭遇海难的弟兄，
他曾在庄严的人生大海中航行，
见到我们的脚印，又会满怀信心。
看见了，让我们振作精神！

这就是英雄们所做的，无论是现在还是将来，他们对世界产生了影响，他们为其他人带来了改变。

他们并不关心是否因此获得奖励，成功不是他们的驱动力。塞涅卡写道：“能让别人变得更好的人是幸福的，不仅是在他们陪伴的时候，甚至是在他们思考这些的时候。”即使这让我们有所牺牲，即使我们不能享受最后的果实，我们会因此被解雇或者情况更糟，这样做也仍旧是值得的。

这就是我们活着的意义。我们的职责从来都不是仅仅做好自己，我们的职责是帮助他人实现最好的自己。即使有时候我们要为此付出努力，即使有时候我们要独自承担。

No Time for Hesitating

没有时间犹豫

随着维苏威火山喷发，那些能逃跑的人都跑了。远处的人只能看到一缕缕烟雾和灰烬。

老普林尼是一位海军上将和业余科学家，他对此非常好奇，打算一探究竟。这时一个信使带来了紧急的消息，他的一个朋友被困在了山脚下。于是普林尼集结舰队，毫无畏惧地乘船赶往现场，营救所有他能救的人。

到达时，他发现海岸线被火山喷发的碎石挡住了，一名舵手建议他们折返。

我们之前谈到过“幸运偏爱有胆识的人”。你知道这个说法是从哪里来的吗？正是来自拒绝回头的普林尼。他命令道：“幸运总是眷顾勇敢的人，火速赶去庞波尼亚努斯。”他要去救助他的朋友。

几秒钟的勇气。毫不犹豫，因为他把对他人的义务置于自己之上。

正如他的侄子所说：“他本着探究的精神开始了他作为英雄所完成的工作。”不幸的是，普林尼没能活下来。幸运可能偏爱有胆识的人，但它并不能保证这点。唯一可以确定的是，如果我们在危机时刻犹豫不决，我们将一事无成，也救不了任何人。

2008年，下士乔纳森·耶鲁和乔丹·哈尔特在拉马迪的一个哨所工作，当时一辆装满炸弹的卡车冲向了他们保护的一个小基地。安全出口就在几英尺外，当地警方看到卡车来了，毫不犹豫地从安全出口逃跑了。而刚刚相遇的这两名海军陆战队队员一起冲向前开火。当他们向正在加速的卡车拼命开火时，炸药爆炸了。

从卡车进入小巷到致命的爆炸只花了6秒钟。

爆炸产生的凹坑宽约18米，深1.5米，标记着年仅20岁和22岁的两位年轻人生命的最后时刻。约翰·凯利将军在现场采访了目击者，他伤感地写下了英雄们如何毫不犹豫和不加思考地牺牲了自己。“他们本可以逃跑并可能幸存下来，但他们没有，”他说，“如果他们这样做，我认为也不会有人指责他们是懦夫。作为海军陆战队队员，他们认真地对待岗位的职责和责任，他们坚持自己的原则，不允许任何人通过哨岗，为此他们献出了生命。他们做了他们应该做的事，两个家庭因此伤心欲绝……而正是因为这样，他们拯救了50多个家庭。这些家庭永远不会知道，那天晚上厄运离他们有多近。”

只是几秒钟的勇气，我们之前谈到过这点。这就是全部，这也可能是你所拥有的。

是的，我会捐钱，因为他们需要钱，即使我负担不起。

有人必须承担责任，是的，我会承担起责任，即使我可能会因此入狱。是的，我要辞掉工作，这样我才能照顾生病的母亲，尽管我不知道最终要花多长时间，也不知道这么做会面临怎样的未来。

如果你有更多的时间，你就会想很多。你会给自己想出一个理由。你的自我保护机制会启动。你会害怕，你会倒下。

那你的朋友怎么办？你的战友呢？你的事业呢？

不行，你一定要出发。你必须点击发送键。你必须把孩子推开。你必须向前迈进。即使没法事先清清喉咙你也必须大声说出来。

你不能到第二天才给答案，你不可能假设出所有的场景，你没机会征求意见，因为大家都指望着你。因为这就是你训练的目的，因为这是大势所趋，因为这是你的理想所在。

相信你的直觉，尽你的职责。

也许它会成功，也许不会。

无论如何，英雄都会这样做。

正如凯利将军所说的，两位海军陆战队队员在小巷里的 6 秒钟：一秒钟认清情况，两秒钟举起武器并开火，更关键的两秒时间让子弹发挥作用并逼停卡车。只给逃生留下一瞬间，甚至比你读这句话所花的时间还要短。

6 秒钟。

“没有足够的时间去思考他们的家庭、国家、国旗，或者他们的生死，”凯利将军后来说，“但对于两个非常勇敢的年轻人来说，6秒钟足够他们履行职责……实现永恒。他们，就是在今晚守望全世界的人——为了你。”

不要让他们失望。

We Make Our Own Luck

我们为自己创造机会

社会学家和历史学家谈到了一种叫作“道德运气”(moral luck)的东西。

不是每个人都有机会揭露足以改变世界的政府机密。不是每个人都遇到有人不会游泳掉进水里的场景。并不是每个接受召唤进入护理行业的人都发现这个领域如此原始，以至于即使拥有一点点知识对于这个行业都是革命性的。

不是每个人都恰好在列奥尼达选择他的300名勇士时到了可以当兵的年龄；或者是成为一名好莱坞的编剧，被要求作证反对我们的同事；或者在妇女参政运动期间成为一名女权主义者。或许，这就是你想称之为运气的东西……

丘吉尔在提到政治家阿奇博尔德·普里姆罗斯、第五代罗斯伯里伯爵时，有些悲伤地指出他生活在“一个伟大人物和小事件的时代”。虽然维多利亚时代（罗斯伯里伯爵生于1847年，卒于1929年）平静得有些无聊，但也很明显，这可能有着令人神往的合理性。

19世纪中叶发生了很多重大的事件，巨大的不公正现象使人们渴望获得帮助。

“伟人”都在哪里？

美国直到1865年才废除奴隶制，巴西是1888年废除的。在罗斯伯里伯爵的一生中，英国工厂的工作条件令人发指。英国的殖民体系及其所有暴行几乎没有遭到过反对。爱尔兰问题笼罩着英国政坛，大多数领导人认为没有希望解决。国家间经常无缘无故地发生战争，他们很少考虑人民会因此受到什么影响。数百万人挨饿，数百万人被虐待。不计其数的未被发明、未被改革、未被倡导的东西。

那些年可以做的事情有很多。即使在丘吉尔那个大事频出的时代，也有很多事情可以做。关于孟加拉饥荒，他为什么不做点什么？他为什么误解了甘地对他的道德呼唤？丘吉尔度过了他最美好的时光，但他也无法逃避人们对他迟到或无所作为的责备。今天依旧如此。无论你是谁，无论你在哪里，无论将要发生什么，你可以做的事情还有更多。

英雄要做需要他做的事情，不仅为自己，也是为了其他人。也就是说，英雄创造了属于自己的运气——而不是天上砸下来的。莎士比亚说，我们生逢其时，因为时间在寻找我们，而我们也必须追随时间和那个时刻。

我们不能被动行事，我们不能继续等待，我们必须伸出援手。

正如马可·奥勒留所写：“真正的好运是你为自己创造的。好运来源于优秀的品格、良好的用心和善意的行为。”

我们的双手从来没有我们想象得那样被束缚。英雄总是有很多事情可以做，总是有很多人可以帮助。

当然了，我们无法身处戴高乐的境地，无法感受索菲亚·法拉尔的处境，也无法体会弗雷德里克·道格拉斯的生活。我们没有史诗般的生活，也没有那么高的赌注要下。这可能是件好事，但这并不意味着我们以后不会有同样的境遇。

我们必须创造自己的运气，无论运气是大是小。我们没有听到南丁格尔曾经听到的召唤，并不意味着我们不会受到其他的召唤，也许在我们身边，也许在世界其他某个地方。

我们是去诅咒黑暗还是去点燃蜡烛？我们是哀叹平静的大海还是去造一台发动机？

我们将我们的梦想变为现实。我们选择成为英雄。

如果我们不这样做，我们就要为此后悔。

Inspire Through Fearlessness

用无所畏惧激发灵感

对于一个以赌性大而闻名于世的人来说，这也许是他赌得最大的一次。

1945 年 8 月 30 日，道格拉斯·麦克阿瑟将军在日本登陆。这是他在韩国那次大胆一搏的前 5 年，这次的情形同样可怕。同盟国和轴心国之间的战斗才刚刚停止，在 6 年的世界大战期间，战争从未波及日本本土。

每一份情报都警告他，四处都是危险。每个顾问都建议他等待。

然而麦克阿瑟手无寸铁地进入了敌方领土的中心地带。当他看到他的工作人员在离开总部飞往东京之前佩戴上手枪时，他下达了命令。“把它们放下，”他说，“如果他们打算杀死我们，随身武器毫无用处。没有什么能比表现出绝对的无所畏惧更能打动他们了。如果他们还不知道自己败局已定，这会让他们信服。”

麦克阿瑟落地后，未曾表露出一丝恐惧或怀疑。每一个小动作都是经过深思熟虑的，他吃东西时没有检查他的食物是否有毒，他解除戒严令。他平静地到来，充满信心。

这与面对炮火并不完全相同，可能需要更高的纪律性和承诺。丘吉尔称这是二战中最勇敢的一次行动。麦克阿瑟压根没有考虑他的人身安全，只考虑了和平与重建的基础。

这挽救了多少生命？它威慑了多少游击队？它抵御了多少阻力？太平洋上的每一个岛屿都经历了一场激烈而致命的战斗，但东京本身却毫发无伤。麦克阿瑟的出现告诉他们这一切都结束了……他们相信了他的表现。一个胆小怕事的指挥官永远不会取得这样的成功，一个愤怒或者报复心重的指挥官也不会。

是不是有一瞬间——当飞机在跑道上盘旋的时候，当麦克阿瑟第一次从飞机上探出头的时候，当他在酒店由可能数天前想杀掉他的服务员服务，吃第一口晚餐的时候——麦克阿瑟会感到害怕吧？他可能会希望自己回到总部？然而，为了其他人，为了他的国家，为了世界和平的事业，他不得不把这一切放在一边。他必须表现出完全和彻底的无所畏惧，他稳重沉着地向前冲。

所有伟大的领导者都明白这一点。戴高乐也实践了他所谓的"人群浴"（法语：bain de foule）——投身到狂热的法国民众中，沐浴在他们共同的精神与爱中。正如麦克阿瑟的助手们曾警告过他公众场合的危险，戴高乐的幕僚们也极度焦虑他们领导人的安全，但他们知道，正是因为这样做风险很大，才必须这样做。

即使狙击手在潜伏，交火仍在激烈地进行，戴高乐决定走在香榭丽舍大街上，这样才有助于法国的解放。他以生命为代价换来他在余下的职业生涯中，与法国人民相互依赖。它给了法国人民勇气，使他们能够继续坚持下去。

领导者不能坐在象牙塔里或厚厚的城墙后面，保护自己免受一切危险和风险，而让他们的追随者、员工或士兵冲锋陷阵，承受风险。

不，领导者必须真正地参与其中。无论是在谷底时刻将自己的钱投入公司；还是乘坐敞篷汽车，保持办公室的门敞开；或者将自己脆弱地、不愿示人的部分分享出来，这种态度所构建的安全性比使用任何风险规避手段都要稳固。老板走到麦克风前，回答人群中每一个充满敌意的问题，即使这些问题是有关他们揭露自己错误的尴尬问题，即使不是他们的过错，也要勇于承担责任。长官不能躲在后方，他们应该带领部队战斗。父母不应该只是告诉孩子如何面对恐惧，而应该展示自己如何在生活中应对恐惧。

你必须关心你所照顾的人，你应该把他们放在第一位，你必须用行动来证明，呼唤他们去做更重要的事情。

正是在马丁·路德·金入狱的那一刻，他的追随者们看到的不仅仅是一个传道者。他和他们一起，为了他们，他冒着生命危险，他就是他们中的一员。

我们不能害怕，否则我们将无法完成我们需要做的事情。同时，正是由于这种无所畏惧，我们愿意面对各种危险，牺牲自己来成就伟大的事业，这无疑也向其他人传递了“仁者无敌”的信念。

领导者为我们承担风险，他们冲在前面，他们用自己的勇气感染他人。

What Are You Willing to Pay?

你愿意为此付出什么？

谈到伊壁鸠鲁，一些哲学家质疑为什么一个人会为别人献出自己的生命。他们质疑为事业而冒险的行为，更无法理解为事业献身。他们质问，做个献媚的人可以让你继续活着，这有什么不好？如果为了它你付出了生命的代价，那这些原则到底有什么好处？

这是有道理的，只不过是一个可悲的逻辑。

（更勇敢的）哲学家约翰·斯图尔特·穆勒承认战争是一件丑陋的事情，野心也可能是丑陋的。但是，他说："道德和爱国情怀的衰败和退化，认为没有什么值得一战，这种状态实际上更为糟糕。"你必须非常小心才能划清界限，如果你做不到这一点，就会比大多数历史上的过激行为丑陋得多。

好消息是，我们深知有些事情比死亡更为糟糕。这就是为什么我们会钦佩那些英雄，无论他们出名与否，但他们为信仰而奋斗，他们接受挑战，他们赌上一切，他们不惜牺牲性命。

加图为抵抗尤利乌斯·恺撒而献出生命。特拉塞亚和塞涅卡倒在了反对尼禄的道路上。斯巴达人宁愿以自由人的身份战斗，也不愿在薛西斯手下做富有的奴隶。这不就是我们从苏格拉底的伟大中所认识到的吗？他本可以逃脱，本可以贿赂出狱，但他没有。

让我们暂停片刻，纪念一些鲜为人知的英雄：那些被殴打、被解雇、被收回贷款但仍然登记投票的无名黑人。无数夫妇在无视纳粹或种族隔离的情况下跨种族结婚。一位名叫洛里·吉尔伯特·卡耶的60岁母亲在2019年的一次大规模枪击事件中挡在拉比面前，用她的身体和生命保护拉比免于死亡。威尔弗雷德·欧文，本书前面提到的诗人，在他的朋友兼诗人齐格弗里德·沙逊受重伤后，重返第一次世界大战的战场。和伯特兰·罗素一样，欧文反对战争，但他觉得应该有人记录战争的恐怖。他在停战前一周的战斗中死去，死在他反对的战争中，他履行了他认为自己应尽的职责。

塞涅卡说："我们应该十分小心地爱护我们的身体，我们的职业，我们的地位，还有我们为自己构建的生活。当理性、自尊和责任要求我们牺牲时，我们也应该做好准备，即使是赴汤蹈火也在所不辞。"

我们感到恐惧前曾经自问："但是如果不……？"我们担心付出的代价，更主要的是我们自己。英雄不会考虑这些，他们能够承担因为做了正确的事而付出的代价。

想想一位年事已高的领导人选择退休，他为下一代留出成长的空间（就像马蒂斯将军在2016年做的那样，或者卢·贾里格[①]在感到身体机能下降的那一刻做的那样）。想想一个政治家为了通过必要的立法而选择断送自己的政治生涯（林登·约翰逊签署了“民权法案”，他说：“我认为我们只是把南方交给了共和党人。”）。想想那些冒犯观众或赞助人以追求创作使命的艺术家（诺曼·洛克威尔[②]在职业生涯的巅峰时期离开了使他收入丰厚的《周六晚邮报》精选封面，以追求更大的艺术自由……他很快就创作出了最令人难忘和感人的关于美国种族主义的作品）。据估计，示威抗议活动使穆罕默德·阿里损失了超过1 000万美元的职业收入。

我们谈到了商业领袖做出艰难选择的勇气，但对于一家公司来说，最艰难的选择也许是做出一个将人置于利润之上的决定。所有的企业，就像人一样，会相互竞争。但最终还有比金钱更为重要的事情，作为人类，我们还应对董事会以外的事情做出回应，比如当CVS[③]停止销售香烟，尽管烟草产品每年为该连锁品牌赚取约20亿美元的收入。乔纳斯·索尔

① 卢·贾里格，即亨利·路易士·贾里格（Henry Louis Gehrig，1903—1941），美国著名棒球明星，因患肌萎缩侧索硬化症（Amyotrophic Lateral Sclerosis，简称A.L.S.）去世。此病因为特征性表现是肌肉逐渐萎缩和无力，身体如同被逐渐冻住一样，故俗称“渐冻人”，又称为卢·贾里格症(Lou Gehrig's disease)。——译者注

② 诺曼·洛克威尔（Norman Rockwell，1894—1978），是美国在20世纪早期的重要画家及插画家，作品横跨商业宣传与爱国宣传领域。他一生中的绘画作品大都经由《周六晚邮报》刊出。——译者注

③ CVS Health，前身为CVS Caremark，它是一家美国零售商和医疗保健公司。——译者注

克[1]拒绝为脊髓灰质炎疫苗申请专利，他的所作所为同样令人印象深刻。碰巧的是，这些行为确实产生了巨大的影响。因为顾客不方便购买香烟，许多人因此戒烟了，整个烟草行业的销量下降。尽管没有其他大的零售商效仿这一行为，毕竟并不是每家商店都愿意为做正确的事情牺牲收入。

为其他人、其他事让自身承受打击和痛苦，这就是英雄所做的。胆小鬼只为自己着想。

勇气迫使我们扪心自问："如果不是现在，那是什么时候？""如果不是我，那是谁？"它使得我们变得更有胆量。它还问：如果每个人都是自私的，世界会是什么样子？它鼓励我们赌上自己，开辟一条非常规的道路。我们同样不能忘记希勒尔拉比问题的另一面。"如果我只是为了我自己，"他问道，"那我是谁？"

我们抵制虚无主义的蔓延，我们主张对自己的机会和命运做主，但是为什么呢？我们不能仅考虑自己的生存问题。诗人玛娅·安杰洛曾经说过，勇气就是为自己和他人挺身而出。

这就是我们现在正在做的事情。事实上，这就是我们活在世界上的理由。

---

① 乔纳斯·索尔克（Jonas Salk，1914—1995），美国实验医学家、病毒学家，以发现和制造出首例安全有效的脊髓灰质炎疫苗而知名。曾任教于美国匹兹堡大学、密歇根大学。1963 年，索尔克创立了知名的索尔克生物研究所。——译者注

The Big Why

"大"原因

抵抗住父母的反对和社会的评判，忍受那荒野般的孤独听从召唤。我们知道，弗洛伦斯·南丁格尔需要巨大的勇气，就像出生于小镇的青年男女在大城市追逐梦想一样。

想象一下经纪人和广告商试图说服迈克尔·乔丹不要因为棒球而放弃篮球。当杰夫·贝索斯还在华尔街工作时，向他的老板讲述关于开创亚马逊的想法，他的老板和他边散步边说："这是个好主意，不过对于没有工作的人会更好。"

如果南丁格尔打破现状仅仅是为了体会19世纪波希米亚人的生活，我们会同样钦佩她吗？如果帕特·蒂尔曼①退出体坛成为风险投资家呢？脱离常规的道路需要勇气；当你出于无私的原因这样做时，是英勇的表现。

---

① 帕特·蒂尔曼（Pat Tillman），美国著名职业橄榄球球星，退役后加入了美国军队。2004年4月，他死在阿富汗战场，美国官方谎称他被阿富汗基地组织逮捕杀害，事实上他是被美军自己人误杀。——译者注

玛雅·摩尔[1]成为她所在领域的佼佼者。她赢得了四枚WNBA戒指，曾六次入选全明星阵容。她获得过一次得分王，一次抢断王，以及年度最佳新秀奖和伍登奖。

但随后她按下了暂停键，选择退役。不是为了在电视上赚更多的钱，不是为了享受从工作中解脱出来的乐趣，而是为了让一个被不公正地关在监狱里的人重获自由，她成功了。现在他们结婚了。

大卫·布鲁克斯[2]谈到了“第二座山”，我们致力于攀登的原因不仅仅是出于勇敢地热爱一个有意义的挑战，也不仅仅是为了战胜那些阻碍其他人的困难并获得回报。我们克服着困难爬上了那第一座山，之后我们意识到成功并没有让我们变得充实。

当我们区分勇气与英雄主义时，部分不同在于两者动机，但更多是因为后者要把自己奉献给可能与自身利益相冲突的事情。

牺牲越大，荣耀越大。即使成就看起来不那么显著……

……把梦想放在一边，照顾生病的孩子的母亲。

……尽管拥有外国医学学位，但每天都穿上围裙忙活的新移民。

---

① 玛雅·摩尔（Maya Moore），1989年6月11日出生于美国密苏里州杰弗逊城，美国职业女子篮球运动员，司职小前锋，效力于WNBA明尼苏达山猫队。——译者注

② 大卫·布鲁克斯（David Brooks），《纽约时报》专栏作家，畅销书《品格之路》《社会动物》《第二座山》的作者。——译者注

……辞去高薪或高职位的员工，只是因为他们认为这份工作让世界变得更糟。

……为了默默地保护别人而忍受自己的名誉遭受不公正指责的人。

摩尔的决定意味着损失数百万美元，远离公众视线，远离她职业生涯的黄金岁月。正确的事情有可能让她付出一切……然而她做到了。

人们怀疑她，人们批评她。当然，大家对她想要帮助的那个人是无辜的并未达成共识——如果情况不是这样，这场法律战就不会持续这么多年了。她勇敢地做了选择。好处不确定，而坏处则是她未来不明朗的职业和生活。

“品格，”戴高乐在他生命的最后时刻反思道，“首先就是拥有无视自己被人民侮辱或遗弃的能力。一个人必须愿意失去一切。压根儿没有一半的风险。”

这绝对是对英雄主义的很好定义。

To Go Back to the Valley

回到山谷

1939年，迪特里希·朋霍费尔安全抵达美国。在他布道的讲坛上，他曾惊恐地看着希特勒崛起，现在他安全了。但几乎从进入纽约港之后，他就开始后悔了。每一个念头都是关于德国的，关于那些留下的人，关于他能做些什么。

这就好像他的国家正在被毁灭，而他却正在度假。

最后，他决定，他要回去。“我得出的结论是，我来美国就是一个错误，”他解释说，“我必须与德国人民一起度过我们国家历史上的这个艰难时期。如果我不与我的人民共同经历这段时间的考验，我将无权参与战后德国基督徒生活的重建……德国的基督徒将不得不面对一个可怕的选择，要么宁愿他们的国家失败而使基督教文明得以存活，要么国家取得胜利但文明被摧毁。我知道我该如何选择，但我无法在一个安全角落做出这样的选择。”

当希特勒让欧洲陷入战争时，朋霍费尔选择自愿投身到与希特勒的战斗中，尽管他已经感觉到，甚至知道，回去就是自愿走向绞刑架。

他最终因密谋反对希特勒而被捕入狱并被绞死。他几乎成功地刺杀了历史上最恐怖的“怪物”。朋霍费尔及其同谋者的纪念碑铭文很简单：“为了抵抗独裁和恐怖，他们为自由、正义和人性献出了生命。”

移民和难民需要难以置信的勇气。他们离开家，是试图让家人过上更好的生活吗？正如有些人的命运就是要穿越海洋和沙漠一样，留下来有可能就是我们的命运，无论是字面上还是比喻意义上。

弗兰克·塞尔皮科的母亲来到波涛汹涌的大西洋的另一边，以寻找更好的新地方。塞尔皮科深陷纽约警察局的腐败和允许腐败的“毒”文化之中，他一定无数次幻想过要逃离。但是他留了下来，他选择战斗……即使其他人因为他作证而用枪指着他的头。

“我为什么要辞职？”他说，“我又不是做错事的那个人。”

他们为什么不出走？

就像改革者经常遇到的那样，答案是他们相信留下比离开、回归比流放能带来更大的好处。他们愿意冒险。他们知道当权者会如何回应，而且无论如何他们都会足够勇敢地站出来。歌手和社会活动家保罗·罗伯森被问到为什么他不逃离种族主义的美国，去更受欢迎的欧洲时。他说：“因为我父亲曾是个奴隶，我们的人民为建设这个国家而牺牲，我将留在这里并成为他们的一分子……没有一个法西斯主义者能够把我从这里赶走。我说明白了吗？”

这就是为什么即使我们不受欢迎，我们也要每天都来上班。虽然这样做很危险。但我们不是做错事的人，为什么我们要被赶走呢？如果其他人想离开，想退出，如果其他人认定这里没有未来，你只需知道无须征得别人的同意，你可以留下，你也可以回去。

事实上，这可能是你能做的最勇敢的事情。

当我们像罗伯逊那样做出这样的牺牲时，我们呼吁其他人跟随我们的脚步，无论是拒绝放弃一个深陷个人危机并可能殃及他人的朋友，还是坚持我们知道会取得成果的调查路线，即使是每个人都失去了信心，让他们离开，我们也不会那么容易被吓倒。我们不会放弃我们的主张或我们的家乡，我们会选择留下来并将问题解决，因为我们知道这是正确的做法。

当警察镇压民权人士抵制公车运动时，马丁·路德·金逃到了亚特兰大，他获得了自由，他很安全。他的父亲和其他人恳求他留在那里，远程领导这项事业。“我必须回蒙哥马利，”金告诉他们，“逃离是懦夫的表现。我无法忍受自己的兄弟姐妹们在蒙哥马利被捕，而我自己一直躲在这里。”这是他一生的承诺。当他出名后，他本可以留在北方，领导民权运动，慢慢老去。而实际情况，正如他在演讲中反复说的那样，他会“回到山谷”。他的使命使得他继续战斗…… 他的信念引导着他。

有时命运召唤我们前进，有时命运要求我们留下来，我们心甘情愿地回到虎口，我们留下来继续战斗。为了我们的工作、事业或者生活，为了我们的家人，为了我们的邻居。

英雄们为此付出了巨大代价。

Silence Is Violence

沉默就是暴力

有一名尼禄的反对者被抓获，他被审问到为什么要这样做。

反对者回答这位被恶魔和妄想吞噬的皇帝：“因为这是我唯一能帮助你的方法。”

告密者、说出真相的人和各种活动家会给出同样的回答。你为什么这样做呢？你看不到这造成的麻烦吗？你有必要这么小题大做吗？你为什么要多管闲事呢？

答案是因为他们爱得太多。他们太在乎了。他们关心“它”胜过关心自己。什么都不说或什么都不做实际上更糟糕，比一个固执的人带来的不适感、比引起公众对不愉快问题的关注造成的伤害更大。

在朝鲜战争的关键时刻，一位年轻的助手告诉国务卿艾奇逊，他担心参谋长联席会议为麦克阿瑟制订的命令过于模糊，不确定性会给麦克阿瑟制造不必要地升级战争的机会。“看在上帝的分上，”忙碌而慌张的艾奇逊回答道，“你多大了？你愿意接手参谋长联席会议吗？”

那个只有32岁的助手当然不想，但他没有再提出异议，他认为职业生涯更为重要。

仅仅几天后，在麦克阿瑟的侵略行动推动下，战争就升级了。

当我们拒绝参与，拒绝用自己或名誉承担风险时，我们必须明白，不仅仅是我们自己的职业或生命会受到威胁。两千多年前，早在“要让邪恶盛行”[①]的那句名言出现很久之前，马可·奥勒留就在提醒自己，“无所作为同样是不公正”。

设想一下，如果弗洛伦斯·南丁格尔没有彻底改变护理工作，世界将是什么样子？因为她不想惹恼她的父母，因为她不想面对那些当权者。如果戴高乐当时留在贝当的手下，而斯巴达人因为得到了一笔不错的交易而没有在温泉关奋力抵抗呢？

如果他们决定先考虑自己，如果他们保持沉默，我们可能不会在这里。

如果没有超越自我的艺术家、挑战教会的科学家、向公众发出警告的发明家、不畏惧暴徒继续前进的抗议者，如果没有他们的牺牲，我们今天不会在这里。

值得注意的是，并非所有男人和女人都能在他们勇敢的旅程中幸存下来。

不幸的现实是，有时正确的事情是需要付出代价的。有

---

① 这句话出自英国政治哲学家埃德蒙·伯克（Edmund Burke）：“要让邪恶占上风，需要做的就是好人无所作为。”——译者注

时候，我们的长矛必须在盾牌上折断。有时候，我们必须一路走下去。我们必须愿意失去工作，失去客户，失去良好的信誉，与朋友断绝关系，做出牺牲。

当然，这一切很可怕。我们正在对抗我们的恐惧和我们的自我保护本能。

我们一直在生活中培养勇气是有原因的。这不仅会让我们更成功，不仅会让我们体验生活的内涵，还让我们体验到了恐惧的另一面。

培养勇气，这样我们就能做人们希望我们做的重要工作。

正如马丁·路德·金所说："沉默就是背叛时刻的到来。"

他个人深知这一点。肯尼迪的一个电话使他免于镣铐监禁或处以私刑，而且肯尼迪的姐夫萨金特·施莱弗也为他发声。肯尼迪的几位竞选成员曾警告他不要介入。肯尼迪被他们的警告吓坏了，而施莱弗认为值得冒一切风险度过难关。"我从不利用我的家庭关系或寻求帮助，但你错了，肯尼（Kenny）。"他告诉肯尼迪的首席竞选顾问："这太重要了，我想和他单独聊聊。"

就在那里，在一个旅馆房间里，在施莱弗的特权和名誉都岌岌可危时，他仍设法影响肯尼迪的道德抉择。施莱弗坚持到了最后，尽管他被警告过："如果它有效，你将不会因此获得任何荣誉；如果失败了，你将承担所有责任。"事实上，这就是他的回报：起初他因为花费肯尼迪的竞选经费而被骂……而在选举结果证明他是正确的之后，他立即就被遗忘了。都是坏处，没有好处……但他还是勇敢地做了。

能够接受糟糕的交易，也是英勇的。

如果我们不做正确的事，谁会做？如果没有人这样做，又有多少人会因此受苦？

我们不能保持沉默。我们不能保持被动。

我们必须愿意承担。

这是我们能提供帮助的唯一方法。

The Audacity of Hope

无畏的希望

1961 年，约翰·刘易斯因试图在南卡罗来纳州的一个公共汽车站使用“仅限白人”候车室而被一名男子打昏。这是刘易斯作为一名“自由骑士”和民权活动家在勇敢的竞选活动中受到的许多毫无意义的殴打之一。这个袭击者，和其他人一样，很容易成为最终击碎他心灵和精神的人。他只是期望得到最低限度的人类尊严，而人们正试图为此杀死他。事实上，他相当多的朋友和太多无辜的孩子因为敢于坚持他们的宪法权利而被残忍地杀害。

这怎么可能不对一个人产生影响呢？它怎么可能不重创他们的心灵呢？然而 48 年后，刘易斯有机会与他的袭击者见面，因为这名叫艾尔文·威尔逊的人准备向他道歉。

更令人惊讶的是，刘易斯愿意接受道歉。

我们大多数人会在第 1 次、第 4 次或是第 15 次被殴打后放弃人性。我们能忍受多少次入狱？（约翰·刘易斯被捕了 45 次！）我们还能忍受多少年民权进程停滞不前？感到愤怒和绝望不是很自然的事情吗？

爱？同情？乐观？还能再次欺骗我们放下戒心吗？不可能！

在这个糟糕的世界里，我们能做的最疯狂、最勇敢的事情就是保持希望。

因为有很多理由不这样做：

痛苦。

失败。

好人受到惩罚。

贪婪、自私、愚蠢和仇恨莫名其妙的盛行。①

很容易说："这有什么意义？"

但如果我们放弃，我们就输了。

你无法赢得一场已经放弃的战斗，也无法在你已经放弃后做出改变。

约翰·刘易斯拒绝放弃。艾尔文·威尔逊在刘易斯的办公室时，刘易斯送给这位前施虐者一本书，并在上面题写："致艾尔文·威尔逊：带着信念和希望，关注它带给你的奖赏。"

这种信念的意义在于，当你有信仰的时候，你就会更容易信任人。它可以帮助你忍受痛苦和弊端。此外，还有什么比霍普（Hope，英文的意思是希望）实际上是威尔逊的中间名字更完美的细节了？

"工作、爱、勇气和希望使我变得更好，能够帮我从容应

① 有趣的是，当虚无主义者的期望落空后，他们似乎更容易对人失望。

对！”年轻的安妮·弗兰克写道，即使是在躲避冲锋队的阁楼里，她都没有放弃人性，我们还有什么借口呢？

没有特定的希望：哦，这将在十二月结束；哦，我们要拐弯了；哦，我所有的痛苦都会神奇地消失。不是傻傻地幻想（“如果你可以梦想——而不是让梦想成为你的主人。”①）希望必须更深远、更深刻。这是沙克尔顿的希望，他能在困难中幸存并回来营救他的手下。至于戴高乐，虽然他是孤独的，但最终他坚持下来了，结局便大为不同。正是这种希望可以成为一个“有效的真理”。

即使在离婚之后，即使在被抢劫之后，即使在意外失败之后又遭遇破产，我们也不能放弃希望，不仅是对人，更是对美好未来的信念。我拒绝相信正义的金库已经破产。我拒绝接受人是不知悔改的。我拒绝接受我无法让这一切变得更好。我不会停下来，直到我从痛苦中创造出新的意义。

不相信有希望就是一种逃避。正如我们之前所谈到的，这是虚无主义，一个不去关心或不去尝试的“黑暗理由”。而希望呢？希望是一种责任，也是一盏明灯。正如艾米莉·狄金森②所说，希望是有羽毛的东西。它可以栖息在我们的灵魂上，它指引我们度过风暴，它让我们保持温暖。她还说，它对

---

① 这是英国诗人吉普林的诗《如果》（*If*）中的名句。——译者注

② 艾米莉·狄金森（Emily Dickinson，1830—1886），美国传奇诗人。出生于律师家庭，青少年时代生活单调而平静，接受正规宗教教育，25岁起弃绝社交，在孤独中埋头写诗30年，留下诗稿一千七百余首。但她生前只发表过七首，其余的都是在她死后才出版，并逐渐被世人所知。——译者注

我们没有任何要求。

但这并不完全正确。希望需要勇气，还有其他。

我们携带火种，冒着被烧伤的危险。尽管感到恐惧和绝望，我们还是很高兴。在我们心碎之后，我们敞开心扉，我们继续前行，把可怕的可能性抛到脑后。

希望为我们提供动力，通过传播希望，我们表现得非常英勇。

请记住：领导者是希望的代理人。没有人愿意生活在这样一个世界里——没有明天、没有继续下去的理由、没有地平线上的目标。如果我们想要，我们就必须做到。为了他们、为了我们自己，英勇无畏。

无论我们做什么，我们都不能对苦涩屈服。我们必须拒绝绝望的异端邪说。我们不能放弃自己或他人。我们必须给自己讲述一个关于历史，关于我们生活的故事，强调自主权、强调进步、强调救赎的机会。

我们始终抱着一线希望，那是一切伟大的种子。

这也是通向美好明天的关键。

You Must Burn the White Flag

你必须烧掉白旗

忍耐力是一回事，拒绝投降是另一回事。

有一个关于爱比克泰德的故事，他的主人持续折磨他，企图他能求自己停手，于是一遍又一遍平静地警告爱比克泰德他的腿马上要断了。最后，爱比克泰德的腿折断了。“我跟你说什么来着？”主人说。

正是这种内心的坚持，这种毅力超越了简单的忍耐。爱比克泰德不能也不会让他自己的精神崩溃，他不会屈服于痛苦或绝望。这就是他最终在三十年的奴隶生活和流放中幸存的方式。

加图为维护罗马共和国而战，他不仅拒绝向恺撒投降，还要求其他人不许代表他恳求怜悯或宽大。因为恳求就意味着他被打败了，他被暴虐的力量征服了，而事实并非如此。

这就是英雄的所作所为。他们不仅烧毁了身后的船，还烧毁了白旗。

艾米琳·潘克斯特[①]在她著名的“自由或死亡”演讲中，提到自己受到了加图及其抵抗精神的启发，她概述了这种决心。

只要女性同意忍受不公正的对待，她们就会被这样对待。但女性可以直接说：我们不同意，只要政府不公正对待我们，我们就不会接受管理。你不能靠内战的力量来统治最软弱的女人。你可以杀了那个女人，但她可以逃脱，你无法统治她。一个人，无论多么虚弱，只要他不同意，地球上就没有任何力量可以统治他。

我们明白，虽然在某些情况下可能需要战术撤退，但我们永远不会投降。

他们可以把你排除在外。
他们可以把你扔进监狱。
他们可以没收你的财产。
他们可以在媒体上羞辱你。
他们可以在法庭上攻击你。
他们可以利用公司的全部资源力量来对付你。
他们可以把你放逐到海洋中央的一块岩石上。
他们可以从你身上夺走很多东西，但只要你还活着，

---

① 艾米琳·潘克斯特（Emmeline Pankhurst，1858—1928），原姓戈顿（Goulden），是一位英国活跃政治家和帮助英国女性赢得投票权的妇女参政运动的领导者。——译者注

他们就不能让你放弃。

暴徒烧毁了载着“自由骑士”的公共汽车。你知道“骑士们”做了什么吗？他们上了下一辆公共汽车。他们在医院缝合好伤口并继续前行，因为他们有为之奋斗的目标。

格兰特对李将军不屑一顾，当他面对记者时说：“如果你看到总统，请替我转告他，无论发生什么，我都不会回头。”他不确定自己是否能赢，但他说，就像斯巴达人一样，他会带着盾牌回来。没有人能承诺自己会胜利，但格兰特承诺的是付出他能付出的一切，包括他的生命。

“斯多葛主义者轻视身体伤害，但这不是在自夸，”詹姆斯·斯托克代尔写道，“对于梦想着成为好人的他们，当内心得知他们没有履行相对于同胞或上帝的责任时，他们的内心会产生毁灭性的耻辱，与此相比，身体的伤害不足挂齿。”

英雄从灵魂中汲取真正的力量。这与谁拥有更多的士兵、更好的武器、更强大的理由或更多的预算无关。永远不会放弃的人将成为赢家，如果不是现在，那么就是不久的将来。

如果他的腿断了，他会跪着战斗；他们仍然会选择崛起，即使这看上去不太可能。

丘吉尔不确定英国能否坚持下去，没有人可以。但他很确定地知道，如果纳粹来了他会如何应对。“我们应该做什么？”他的儿媳妇问道。没有什么能阻止你从厨房拿一把厨刀，他告诉她，没有什么能阻止你干掉几个混蛋。

没有人说他们最终不会打败你，投降只是一种选择。是否放弃你的事业，这取决于你。

抵抗直到……只要你还能做点什么。

海明威提醒我们，虽然我们可能注定会被毁灭，被生活、被敌人一次次糟糕地打击，但没有人能打败我们。那是我们的召唤。我们会竭尽全力。只有当我们放弃时才会被打败。失败的唯一可能就是我们放弃自己的勇气。

被打败是一种选择。勇者从不会选择它。

No One Is Unbreakable

没有人是牢不可破的

我们认为勇气意味着坚不可摧。

我不。

它意味着当你被摧毁后又重新站起来：

因为你的孩子在看。

因为事业需要你。

因为你不会让邪恶得逞。

这意味着要让自己重新振作起来，这样你就可以为自己、为他人做需要你做的事情。

但我们中的一些人害怕这样做，不是害怕继续前进，而是害怕自己过于脆弱。害怕承认我们受伤了，我们需要修复，我们受到了挫折。

在海明威最优美的段落之一中，他写道：

倘若有人带着许多勇气来到世界上，世界为了打垮他们必得杀害他们。当然，他们最终也被杀了。这个世界打击每一个人，打击过后，很多人在倒下的地方变得更加强大。但那些不会被打垮的人会被杀害。世界杀害最善良的人、最温和的人和最勇敢的人，无所差别。[①]

世界是一个残酷而严峻的地方。至少在 45 亿年的时间里，它是战无不胜的。从整个物种的顶级掠食者到大力神，再到海明威本人，它一直是极其强大的生物的家园。那些生物现在在哪里？消失了，归于尘埃。他们当中有太多人早于他们的时代出现，不必要地淹没了。

因为他们把力量和韧性混为一谈。

斯多葛主义，拥有巨大的勇气，可以在你被世界击碎的时候帮助你恢复，并在恢复的过程中让你在更深远的层面上变得更为强大。斯多葛派通过专注于他们可以控制的东西来治愈自己：他们的反应，自我修复，吸取教训，为未来做准备，为他人带来改变，寻求帮助，做出改变，为了更大的利益而牺牲。

这不是西方独有的想法。日本有一种艺术形式，称为金继[②]，它可以追溯到 15 世纪。采用这种技艺，大师们修复破碎的盘子、杯子和碗。这不是简单地将它们修复到原来的状态，而是让它们变得更好。碎片不是简单地粘在一起，而是用一种

---

① 出自海明威的《永别了，武器》第一章。——译者注

② 金继（Kintsugi 或 kintsukuroi），字面意思是用金或银修复，实际上它是使用液体金或银，甚至是金色和装饰的漆来修复破损物体的古老技术。——译者注

混合了金或银的特殊漆将碎片完美修复。金继的发明就是为了将伤疤或裂痕变成美丽的东西。

这就是世界有时会询问我们的问题。它知道我们很勇敢，所以它想知道：选择死亡还是金继？

你能找到在破碎处变得更强大的方法吗？还是会坚持你的旧方式直到最终粉身碎骨？

英雄会重新站起来，他们为了自己和他人，治愈，成长。

奥迪·墨菲以这个想法结束了他的回忆录。他因战争而受伤。他知道，他看到了他不应该看到的东西。像许多退伍军人和创伤幸存者一样，他患有创伤后应激障碍（PTSD）。但他决定跳出这种状态。他写道："突然之间，我不得不直面生活，我向自己发誓，我会做到这一点。我可能会被战争打上烙印，但我不会被它打败。"

我要回家，他说。他不会放弃，他不会让恶魔获胜。他会找到他的梦中情人，结婚，组建家庭。他会找到新的职业，新的目标。"我将学会不用愤世嫉俗的目光去看待生活，"他对自己说，就像你必须要做的那样，"要有信心，要懂得爱。我将学会在和平中工作，就像在战争中一样。最后，像无数其他人一样，我将学会重新生活。"

Courage Is Virtue.
Virtue Is Courage.

勇气是美德，美德是勇气

美德就像音乐。它们以更高、更华丽的音调在弹奏。

——史蒂芬·普雷斯菲尔德

（美国作家、编剧）

一开始，歌德在他的戏剧《浮士德》中写道：“太初有言。”

很快他纠正自己。不，最开始是做出承诺。

这是一本关于勇气的书，是关于基本美德系列的第一本。在本书的最后，值得指出的是：文字并不重要，行动关系重大。

事实上，没有什么比勇气与其他三种美德，节制、正义和智慧之间的关系更能说明这一点了。如果没有勇气去保护它们，其他三种美德既不可能，也毫无价值。

正如克莱夫·斯特普尔斯·刘易斯所写：“勇气不仅仅是

一种美德，而且还是各种美德在经受考验时，也即在最逼真的情形下的一种表现形式。”尝试生活节制，尝试诚实，尝试追求知识。尝试在一个抛弃了智慧、自律和正义的世界中做这些事情，你就会明白。

如果没有勇气，你看看自己能走多远。你会被嘲笑，你会受到批评，你会受到影响，你会被阻碍，你会发现你的银行账户余额接近于零，这一切都是考验。

没有勇气，寸步难行。暴徒会抓到你，或者你将成为暴徒的一分子。压力会让你崩溃，或者你会在压力下违背曾经的承诺。

勇气是唯一的手段，它是其他美德的支柱。

你需要它。

你看，谈论美德是多么容易。它流淌在页面上，在几个世纪以来，它被诗歌、文学和记忆支撑着。但写这本书的目的，以及你阅读它所花费的时间，并不仅仅是娱乐。

我们正在努力变得更好。我们正在努力回应对于我们的召唤，今天，明天，每时每刻，我们都将做出自己艰巨的选择。

如果任何美德只存在于纸面上又有什么好处呢？如果你没有勇气活下去，一切又有什么意义呢？你打算独自承担吗？如果反面的好处似乎更多，你还能坚持勇敢的道路吗？

当然，学习和实践之间存在联系，就像轮胎遇到了道路。我们思考真相，之后必须采取行动。我们将其汲取到我们的灵魂之中。有这样一句老话：性格决定命运。

这意味着相信什么决定你会做些什么。四种美德就是对品格的滋养，良好的品格让一个人在关键时刻能够凭直觉正确行事。勇气不是你宣称的东西，就像破产一样，它是你获得的，它是你的一部分。正如一个人靠写作成为作家，而一位伟大的作家是因为他写出了值得一读的作品。“勇敢”是终其一生在勇敢决定中获得的最高奖赏。

到目前为止，我们一直关注的人——从夏尔·戴高乐到列奥尼达、弗雷德里克·道格拉斯、西奥多·罗斯福、埃莉诺·罗斯福、马可·奥勒留、索菲亚·法拉尔、弗兰克·塞尔皮科、詹姆斯·斯托克代尔，他们并不完美。有时他们的表现与我们正在研究的美德完全相反，这一点必须要注意。尽管如此，不可否认的是，在关键的时刻，他们的性格促使他们做出了一些非常伟大的成就。不仅在那时，为了他们帮助的人或他们推进的事业，而且在今天，这也为我们提供了灵感。

重要的不是他们说的话，重要的是这就是他们。

这就是林肯在葛底斯堡所表达的：我们在这里说什么并不重要，重要的是他们在那里做了什么。无论是公元前 480 年斯巴达在温泉关对抗波斯军队，还是 2000 年后英国军队在同一个关口以同样的赌注对抗德国人，无论是弗洛伦斯·南丁格尔还是玛雅·摩尔回应她的召唤，无论他们是否完全理解他们所做的牺牲或他们选择的立场会产生什么后果，他们的勇气仍在天地间回荡。

他们的美德闪耀着光辉。

我们不能把它圣化。它独自永恒，不惜涅槃。

因为我们知道，如果不是之前那些人的勇敢，我们就不会在这里。

我们只有一种方式可以回报他们。

延续他们的行为，接管他们“未完成的工作”。无论我们是否了解，我们都必须延续我们曾经参与过的传统。我们必须跟随大力神赫拉克勒斯的脚步。

从选择美德开始。不是空喊美德的口号，而是真正过上有美德的生活。

我们可以随心所欲地学习美德，但是当我们走到人生的十字路口时，我们将不得不做出选择。

我们用《圣经》和约翰·斯坦贝克开启的本书。让我们将它们融合在一起来结束本书。在斯坦贝克的《伊甸之东》（*East of Eden*）中，他得出结论，基督教中最有力的短语是timshel，它们被翻译成“诫命”。但斯坦贝克认为希伯来语翻译更准确，不是“你应该（Thou shalt）”而是“你可以（Thou mayest）”。

在他写这些内容时，他对编辑说：“这是个人责任和良知，如果你愿意，你可以选择，但这取决于你。这个小故事被证明是世界上最深刻的故事之一。我一直觉得是这样，现在我更加确定了。”

无论是《圣经》、赫拉克勒斯、《伊甸之东》还是《浮士德》的故事，寓意都是一样的：我们有选择的权利，我们可以在懦弱与勇气、美德与邪恶之间做出选择。

勇气在我们恐惧时召唤我们。它召唤我们为了履行职责做出每一个勇敢和有毅力的行为。它召唤我们超越自我，追求更大的共同利益。

而如何应对召唤由我们自己决定。一生不止一次，而是上千次。不仅在过去和未来，更有可能是在现在，在今天。

那会是什么？

你够勇敢吗？你会为谁勇敢？你为什么而勇敢？

世界想知道答案。

Afterword

后记

当美国服饰公司[①]的首席执行官多夫·查尼要求我曝光起诉他的一位女士的裸照时，我不过 23 岁。

我告诉他我不会。

他相信这些照片和随附的短信可以免除他的责任。在某种程度上，他是对的。它们构成了我们现在所说的“色情复仇”。

我说我不想参与其中。

当时，我对自己那一刻的道德勇气感到某种满足。随着我年龄的增长，写了你刚刚读过的那些文字，我依然会做当年同样的选择，但很羞愧的是当时做得还不够。一方面，在美国服饰公司，人们并没有挑战多夫·查尼的做法：如果他们想保住自己的工作，肯定要站在老板的一方。另一方面，我为什么不转身，走出门，再也不回头？为什么我没有当场辞职？为什

① 美国服饰公司（American Apparel Inc.），由加拿大商人多夫·查尼于 1989 年创立，总部位于洛杉矶。它是美国最大的制衣厂、分销商和零售商之一。——译者注

么不是每个人都这样做？为什么我当时还想保住那份工作？

我记得几周后走进他的办公室，看到他和主要媒体的记者在观看照片时进行了视频通话。我只是不参与该计划，我没有做任何事情来真正阻止它的发生。几分钟之后，照片就在互联网和媒体上大肆传播。

为什么我的勇气让我失望了？

从那以后我很多次问过自己这样的问题，因为这不是我在美国服饰公司遭遇的唯一道德困境。我告诉自己，这些年我留下来是因为我想保护为我工作的人。我留下来是因为我认为留下来可以带来更大的改变。因为我相信公司的使命。我不像其他人，也不像多夫。在某种程度上，这是真的。但我们总能找到理由不去做艰难但正确的事情。在那个年纪，远离金钱，远离我曾经做过的最重要的工作，打乱我的人生规划，这些都会对我造成沉重的负担。

回想起来，具有讽刺意味的是，当时我已经在计划做一些更可怕的事情：离开公司，成为一名作家。我相信我害怕切断收入来源，我知道那意味着什么。我对没有薪水的状况犹豫不决。我被这种不确定性吓倒了，我害怕黑暗中的勇猛一跃。在犹豫中，我把自己和自身的安全置于正确的事情之上，高于其他人。

三年多来，我一直在这家公司里担任顾问和战略专家，主要对遇到突发糟糕事件的员工进行帮助和心理介入，防止他们做出错误的决定。我引导着决策朝着更合乎道德的方向发展。我试图约束多夫。我力所能及地让事情继续下去，帮助成千上万的制衣工人继续维持生计。我因此获得报酬。所以，我不可避免地成了坏事的同谋。

勇敢不是我的“画像”。

2014 年，我完成了三本书，在确立了自己的作家身份之后，事情发生了突然反转。如果说以前的多夫多少能控制事态发展，那么现在情况急剧恶化了。他住在仓库里的一张小床上。他打了一名员工。他会像疯子一样咆哮。他的所作所为让股价跌至历史最低点。诉讼仍在继续，因为他无法控制自己。

在多夫陷入疯狂期间，我经常与美国服饰公司的一些董事会成员讨论公司内部的状况。随着报告变得更糟，董事会最终决定撤换 CEO。我试图说服董事会，多夫也需要帮助，就像尼禄一样，但开除他可能是唯一的办法。我花了很长时间才得出这样的结论，但一旦我决定，这毫无疑问是正确的道路。在我结束《障碍是道路》（*The Obstacle Is the Way*）新书宣传活动的那天，我接到了多夫的电话，然后是他的副手。董事会最终解雇了多夫。

如果我早点提出这条建议，事态会有所不同吗？还是我会被解雇？如果我在 2011 年的时候辞职以示抗议，它会引起关注还是激不起半点涟漪？如果我没有忍住心中的怒火，我就无法在关键时刻出现，或者……这是我对自己说的话。

多夫没有意识到我的努力，在绝望的时刻他还在试图收买我的忠诚。他告诉我，我会给你买一个出版子品牌。他能兑现这个承诺吗？可能不能。不过这都没关系，因为我并不感兴趣。我已经跨越了我的卢比孔河[①]。我飞到洛杉矶，开始了一个新的角色，试图将公司从多夫手中拯救出来，并重建公司，因为如果他不能继续负责，他将亲手毁了这座他花了毕生心血构建的帝国。这是一场阻止他烧毁全部的竞赛。

华尔街进行了恶意收购，随后董事会启用毒丸计划[②]进行应对。这段日子艰难又漫长，混乱程度前所未见。我不得不勇敢地接受批评、应对阴谋和处理琐事。我接受了一些调查。我说服其他人分享他们的故事并保护他们免受报复。我清理了长期存在的混乱局面，并取消了一些本不应该实施的政策。我安慰了人们，我试图把事情做好。因为我们尝试挽救在废墟中的公司，我不得不在远离家乡的地方工作了很长时间，而我的妻子则独自在家耐心等待，这真的很累。

但并非每场战斗都能获胜。公司新的领导在关键时刻犹豫不决。有些员工需要被解雇，他们多年来一直身陷腐败。如果留下他们继续工作，很多人出于害怕会心神不宁，而多夫能够通过操纵他们来破坏公司。后来，收购公司的对冲基金在多夫的压力下松口，让多夫部分回归公司。我曾多次警告他们这一点，所以我当场辞职，放弃了未履行的合同。

---

① 跨越卢比孔河（crossing the Rubicon），是西方的一句经典谚语，与“破釜沉舟”意思相同。卢比孔河是一条位于意大利北部的普通河流，但因为恺撒率军跨越了它，而被赋予了特别的含义。——译者注

② 毒丸计划（Poison Pill），是指目标公司通过制订特殊的股份计划，赋予不同的股东以特定的优先权利，一旦收购要约发出，该特定的优先权利的行使，可以导致公司财务结构的弱化或收购方部分股份投票权的丧失。这样收购方即使收购成功，也可能像吞下毒丸一样遭受不利后果，从而放弃收购。多在公司面临恶意收购时采用。——译者注

解雇他的理由被拒绝和原谅，而对我来说改变方向的想法是不合情理的。但扭转局面的专家确信他们知道得更清楚。公司最终申请破产。再一次，超过10 000人因此失去了工作。[1]

我之前因写作收到过死亡威胁，但没有一个像那年夏天那样，多夫的一个像跳梁小丑般的跟班打过来的电话让我不安。你为某人工作是因为欣赏他，因为你们拥有相同的信仰，而突然间你意识到你自己被蒙蔽了，你意识到你被贬低了，你意识到大部分都是谎言。你开始担心自己的安全，就像你在汽车里和办公室里被窃听一样。

我感到悲伤和恐惧，但也有令人惊讶的确定性。如果选择离开感觉会好得多，去做困难的事情也会很好，这比那些让我在道德上感受冲突的岁月——尽管这些年很有趣，有时也够开心——要好得多，也更有回报。

随着美国服饰的崩盘，我阅读了很多塞涅卡的书。他非常有魅力，他所有的优秀著作都是关于斯多葛主义的，尤其是勇气和正义，同时他也为尼禄工作。我是21世纪的小人物吗？一个不靠写字养活自己的作家？从某种意义上说，是的。毫无疑问，我低估了我自己。我妥协了。我要是早知道塞涅卡该多好，我本来也可以更勇敢。

这很像是温水煮青蛙。你从一系列的假设出发，这些假设是基于你所理解的事实，甚至是你愿意做出的妥协。塞涅卡

---

① 这是我的书《自我是敌人》（*Ego Is the Enemy*）中的经历。

在遇见尼禄时，还是个少年。而我在十几岁时认识了多夫。事情逐渐发生变化，你会学到更多。事情一件一件发生。但是如果你不愿意在成长中和事情发生变化的过程中做出决定，特别是艰难的决定，那么你就是一个懦夫。

缺乏自主性是会传染的。我们曾经在美国服饰公司里谈论过我们都是如何"观看多夫秀"的。甚至没有人谈论过对此采取任何行动。就好像我们都是自己超现实生活的被动观察者，我们被迫坐下来看着他咆哮和狂欢几小时。有时他很聪明，有时他却恶毒得令人发指。似乎从来没有人想过我们可以为此做点什么。也许我们期望其他人会，那些成年人会救我们。随着我们年龄的增长——随着塞涅卡凭借自己内心的力量变得强大——我们很容易就忘记了自己才是需要被救援的人。

他是老板，他付我们工钱。你有个人情感，这蒙蔽了你的双眼。我们认识的人都没有唤醒我们。如果有，我们会听从他们的建议吗？还是只会让我们更深地陷入认知失调中？恐惧，以各种各样的形式存在，是一种有说服力的威慑力量。它战胜了勇气，至少在我的情况下是这样的。

塞涅卡本人谈论了美德是如何分为两部分的。研究真理，其次是行动。他说，如果还有第三部分，那就是告诫和提醒，是依据我们的经验审视、反思和制订规则的过程。当然，在所有部分中，行动是最重要的。我自己的故事就是证明。但也正是经历过失败，然后反思，我们才能学习和成长，并希望下次会更好。这就是塞涅卡的成长路径。最终，他的确与尼禄分道扬镳了。他像英雄一样走了出去。

在2016年到来时，我也从自己的经历中吸取了教训。我在《纽约观察家报》有一个专栏，该报纸的所有者是贾里德·库什纳，当时他被简单地称为某房地产开发商和真人秀人物的女婿。那年夏天，我写了一篇文章，有力地证明唐纳德·特朗普是否适合担任公职。在那之前，我的文章不需要编辑批准。但突然间报纸禁止我的文章发表。如果是几年前，我会害怕、摇摆不定，害怕失去可能来自专栏的收入。而现在，我认为重要的东西即使不被发表也没什么大不了。

同时，我也知道我没有错，这意味着我写的这些内容原本是正确的。

我把我的文章贴在别处，它立即在网上疯传。我知道这意味着我在《纽约观察家报》上写作的日子屈指可数了。不久之后，我又写了一篇评论文章，同样关注某极右翼网站，又一次，文章没能被发表，所以我把它刊登在了我自己的平台上。此后不久，我被告知，与竞选有关的一个人致电并指控我的一本书涉嫌抄袭。指控本身很荒谬，但这不是重点：这应该是一个警告。他们想让我知道，如果我不闭嘴，他们会试图毁掉我。

不管用。

如果我因为写关于特朗普的文章而丧失了我的专栏怎么办？如果我不得不与诬陷作斗争呢？如果有人会来找我麻烦呢？正如马可·奥勒留所说，我会像应对失去薪水一样来处理它，使用我一直就拥有的工具。屈服于恐惧就是否认最初你来到这个世界被赋予的天赋和技能，是剥夺你在出生时就被赋予的自主权。

从某种意义上说，我很感谢在美国服饰公司的那段经历，尽管来得很迟，但它教会了我倾听自己内心的重要性。在混乱和腐败之中，很难看到人们鼓起勇气。有时，只有在还没有发生的时候目睹了你和其他人的遭遇，你才能理解犹豫不决、不对权力说真话的危险。

你会发现我在上面所说的直接的恐吓是很罕见的。更有效的是日常的鼓励。说人们想听的话，你就会有更多的听众。现代作家可以查看他们的退订和取消关注率，你很快就可以了解到，说出严酷的事实往往会损害你的钱包。当你涉足有争议的话题时，你只需要阅读你的粉丝邮件：你为什么这么说？我再也不会读你的作品了。

我不完美。显然，我并不总是像我希望的那样勇敢。但作为作家且随着年龄的增长，我越来越清楚一件事：我们的义务是说出真相，不管人们喜欢与否。像赫尔维迪乌斯一样，他们可能会因此而惩罚你，他们可能会“取消”关注你，甚至会因此封杀你。但正如我经常对愤怒的读者说的那样，我建立自己的平台就是为了使用它来表达我的信仰。

我把这个故事留到了本书的结尾，正是因为它既复杂又平凡。这些年来，有 12 000 人曾在美国服饰公司工作。谁是罪恶最为深重的人？没有人可以说得清楚。如果你阅读了有关这些泄露图片的故事，你就会发现情况实际上混沌不清。

在这些故事中，我希望表明的观点是，在我们的生活中，勇气就是所有人都必须以自己的方式表达，当然，其中大部分都是平淡无奇的。塞缪尔·约翰逊[①]开玩笑说："每个没有当过兵的男人都因此而自卑。"我明白了。即使在我写这本书的时候，我也在为此苦苦挣扎：我有资格吗？我是否可以写关于勇气的书？我从没挽救过 911 电话那端任何人的生命，也没有在酒吧外的人行道上给别人做心肺复苏。

我过去并不总是勇敢的，我现在也并不总是勇敢的。我甚至犹豫要不要写这一章，有些人告诉我不要写……但很快我就想起犹豫时更应该坚定你的决心。我可以真诚地说，在将勇气应用于现实生活的永恒挑战中，我正在变得越来越好。比起昨天，我今天更不在乎人们的想法。我向前走的次数多于向后退的次数。写作和出版这本书就是一个例子。但我希望我的私生活和我的私人行为胜于雄辩。

我们必须停止仅将勇气看作在战场上，或自由乘车运动期间在公共汽车上发生的事情。勇气也不只是不惧怕你的老板……或者不惧怕真相。勇气是决定走自己的创作道路。勇气正在划一条道德路径。如果你是这样的人，你可能是个怪人。你用你的良心在投票，虽然你没有做人们想要的，或者你父母想要的。

当命运召唤你登上世界的舞台时，不仅仅是在做这些事情。正如我们所谈到的，就是让勇气成为一种习惯，无论大事

---

① 塞缪尔·约翰逊（Samuel Johnson，1709—1784），英国文学史上重要的诗人、散文家、传记家和健谈家，编纂的《约翰逊字典》对英语发展作出了重大贡献。他对文学小说诗歌文学作品的评论，即使片言只语，也被众口宣传，被当作屑金碎玉。——译者注

小事，日复一日。这样每一刻你都感觉很自然，不管有谁在看，不管赌注是什么。

勇气在召唤我们每个人。

我们会回应吗？

或许这个要求太严格了。我们可以更好地回答吗？我们进步的次数比退步更多吗？

让我们从这里开始！

瑞安·霍利迪

于得克萨斯州巴斯特罗普的彩绘门廊书店

2021 年

Acknowledgments

致谢

这是在疫情最严重的时期写的一本书，严格意义上讲，如果没有每天出现的勇敢的医生、科学家、前线工作人员、送货司机和杂货店员工，书是无法完成的。每个人都在尽自己的一份力，以便我们其他人能够生存。当我谈到勇气时，我不仅仅是在谈论士兵，而是在谈论任何在恐惧、困难或怀疑面前坚持不懈的人。我们都对这些英雄表示感谢——并且应该利用过去的事件来审视我们自己以及我们对共同利益的贡献。

我还要感谢我的妻子萨曼莎（Samantha），在我写这本书的过程中，她不辞辛劳地支持和保护了我们的家庭。我还要感谢我的亲戚们，他们让我在夏天把房车停在他们的车道上，并在我写这本书的第二章时照看我的孩子。我要感谢我的研究人员比利·奥本海默（Billy Oppenheimer）和赫里斯托·瓦西列夫（Hristo Vassilev）、我的编辑尼尔斯·帕克（Nils Parker）、我的经纪人斯蒂芬·汉塞尔曼（Stephen

Hanselman）以及出版社团队［阿德里安·扎克海姆（Adrian Zackheim）、尼基·帕帕多普洛斯（Niki Papadopoulos）、斯蒂芬妮·布罗迪（Stefanie Brody）、塔拉·吉尔布莱德（Tara Gilbride）、梅根·麦科马克（Megan McCormack）］。感谢马蒂斯将军（General Mattis）、拉西卡将军（General Lasica）、布拉德利·斯奈德（Bradley Snyder）、马修·麦康纳（Matthew McConaughey）以及我孜孜不倦的导师罗伯特·格林（Robert Greene）和史蒂芬·普雷斯菲尔德（Steven Pressfield）的建议和笔记。感谢我在美国服饰的老团队在后记方面提供的帮助以及对我的支持，即使我并不总是像我本来可以做到的那样勇敢。

再次重申，如果没有过去几代人的牺牲和勇敢，这本书——实际上是所有相关艺术、文学和技术的汇合——是不可能完成的。我们永远无法回报他们的这些努力。我们所能做的就是努力追随他们的脚步，并激励我们用行动来纪念他们。无论我取得怎样的成功，我始终心存感激。

现代斯多葛书系

“勇气、智慧、正义与节制”这四大美德，展现了两千多年前哲学家们的生活品格，他们用朴素的话语塑造了人们的世界观。

勇气在召唤

勇气是人类
首要美德

自律是命运

自律是美德，
成就非凡人生

障碍是道路

前途多障碍，
毅力与韧性直面痛苦
和逆境

知命不惧

智慧点亮人生，
找到平静、目标、自律
和幸福

读|书|笔|记

读|书|笔|记

读书笔记

读|书|笔|记

读书笔记